David Gilmore

Der Clown in uns

David Gilmore

Der Clown in uns

Humor und die Kraft des Lachens

Kösel

FSC
Mix
Produktgruppe aus vorbildlich
bewirtschafteten Wäldern und
anderen kontrollierten Herkünften

Zert.-Nr. SGS-COC-1940
www.fsc.org
© 1996 Forest Stewardship Council

Verlagsgruppe Random House FSC-DEU-0100
Das für dieses Buch verwendete FSC-zertifizierte Papier
Munken Premium liefert Arctic Paper Munkedals AB, Schweden.

Umschlag: Kaselow Design, München
Umschlagmotiv: Picture-Alliance / dpa
Satz und Layout: Greiner & Reichel, Köln
Druck und Bindung: GGP Media GmbH, Pößneck
Printed in Germany
ISBN 978-3-466-30757-9

www.koesel.de

Inhalt

Einleitung

Mit diesem Buch möchte ich Menschen an ihren Humor, an ihr Lachen und an ihre Lebenslust erinnern – die eigene Kraft des Lachens wachrufen. Ich möchte die Leser darin unterstützen, Leichtigkeit und Freude im Alltag zu erleben, mit Lebenssituationen humorvoll und mit sich selbst fürsorglich umzugehen. Humor kann uns an unsere Freude, Hoffnung und Inspiration führen, weil wir Lebensfreude als unsere Kernerfahrung erkennen.

Menschen humorvoll, spielerisch und würdevoll zu begegnen bedeutet, sie in ihrem Kern, in ihrem Wesen ernst zu nehmen und sie wertzuschätzen. Wir können dann die Seiten ihrer Prägung, die uns stören oder aufstoßen, nicht nur besser ertragen, sondern sie von einer humorvollen Seite sehen. Das heißt, wir fangen an, die spielerische, veränderbare Natur des Lebens zu sehen und die Grenzen zu erkennen, die wir uns selbst auferlegen.

Unsere Grenzen fangen im Kopf an und drücken unseren Versuch aus, das Leben in eine für uns verständliche Form zu bringen, ihm einen Sinn und eine Richtung zu geben. Je mehr wie unsere eigenen Grenzen leben und richtig finden, umso mehr verkörpern wir sie, erleben sie, wiederholen sie. Sie werden zu unserem Ernst – sie werden zu einer Normalität, die wir nicht infrage stellen.

Einen Sinn für einfühlsame Komik im Alltag zu entwickeln heißt, uns wertzuschätzen, unseren Wert zu schätzen, unsere Würde ernst zu nehmen und dem natürlichen Humor, dem natürlichen Lachen freien Lauf zu lassen. Es heißt auch, unsere Lebensspiele weniger ernst zu nehmen, dafür aber zu merken, was wir wirklich brauchen, und uns das auch zu geben. Es heißt, uns als Geschenk zu sehen und uns nicht so wichtig zu nehmen. Es heißt, ein ganzes Stück bescheidener zu werden und ein ganzes Stück mutiger, bis wir und die Menschen um uns herum die Kraft unseres Lachens als selbstverständlicher Ausdruck unserer natürlichen Lebensfreude und unserer Spiellust entdecken und die verschiedenen Facetten des Humors als normalen Bestandteil unseres alltäglichen Lebens ansehen. Aus dieser Sicht wird das Lachen zu einer Kraft, die uns hilft, mit den Herausforderungen des Lebens und mit den Hindernissen des Alltags besser fertig zu werden.

In Seminaren frage ich die Teilnehmer, was sie sich für sich wünschen. Sie geben mir immer wieder eine sehr klare Beschreibung ihrer Vorstellungen: Sie wollen gesund und froh sein. Sie wünschen sich mehr Gelassenheit und Entspannung, mehr Vertrauen und Lebendigkeit, mehr Zufriedenheit, mehr Leichtigkeit. Sie wollen unbekümmert und spontan sein. Sie wollen mehr »Pfeffer«, mehr Energie und Neugierde in ihrem täglichen Leben. Sie wollen natürlich und authentisch sein. Sie wollen ihre Talente finden und Entscheidungen treffen können. Sie wollen privat und beruflich ein erfülltes Leben und den Freiraum und die Unterstützung dazu. Sie wünschen sich Aufgaben, die sie erfüllen und durch die sie anderen nützlich sind. Sie wollen in ihrem privaten und beruflichen Leben eine Erweiterung und eine Vielfalt erleben. Sie wollen auch mit schwierigen Situationen und mit Hindernissen humorvoll, spielerisch und leicht umgehen können. Sie verbinden das alles mit dem Grundbedürfnis, mehr lachen zu können.

Schon bei der Beschreibung ihrer Wünsche fühlen sie sich offen, belebt, angeregt, neugierig und lustvoll. Sie spüren die »Null« in sich, indem sie die eigenen Lebenswünsche ausdrücken und sich die Erfüllung schon bildhaft vorstellen. Mit »Null« meine ich den freien inneren Raum, unsere Lebendigkeit und die Lebensenergie in uns allen. Humor ist – aus meiner Sicht – der direkte Ausdruck unserer Lebendigkeit oder der Versuch, unsere innere Freiheit jenseits unserer besonderen Prägungen immer wieder herzustellen, besonders dann, wenn unser natürliches Lachen verloren geht.

Viele meiner Seminarteilnehmer merken, dass sie immer wieder an Grenzen stoßen und dass sie das Lachen auch verlieren können. Manchmal ist es klar, wie das gekommen ist – sie haben einen lieben Menschen verloren durch Tod oder durch Trennung oder sie haben den Verlust des Arbeitsplatzes hinnehmen müssen. Sehr oft haben sie das Gefühl, sich selbst im Wege zu stehen, und begreifen nicht, wie das geschieht. Sie tragen oft ganz alte Geschichten mit sich herum. Oder sie meinen, eigentlich mehr vom Leben haben zu können, trauen sich aber nicht das einzufordern. Sie spüren, »in mir ist mehr«, aber sie finden so viele Gründe, weshalb sie das nicht ernsthafter verfolgen. Vielleicht trauen sie sich noch vor sich selbst, dem nachzugehen, aber nicht mehr vor anderen. Manche merken, wie steif sie sind oder dass sie sich einfach zu wenig Lebenslust erlauben. Manche haben von sich eine schlechte Meinung. Manche lassen sich von den Meinungen anderer verunsichern. Manchmal haben sie auch körperliche Symptome entwickelt, die sie beunruhigen, stören oder behindern. Manche merken schon, dass sie sich wie im Kreise drehen, oder haben von sich zu viel abverlangt, und sind einfach erschöpft. Und manche vermuten: Den Clown in sich zu finden, das könnte so etwas sein wie ein neuer Lebensweg, eine grundsätzliche Änderung in der Lebenshaltung.

Ob Sie mehr den Humor, mehr das Lachen, mehr die Komik, mehr den Clown oder mehr den Narren in den Vordergrund stellen, ob sie nur einfach »besser leben« oder eine sinnvollere Aufgabe finden wollen: Sie ahnen, hier geht es darum, in einem anderen Sinne sich zu »lösen« und eine grundsätzlich andere Haltung, eine spielerische, freundlichere Haltung sich selbst, anderen und ihrem Leben in der Welt gegenüber zu entwickeln. Egal, wie viel Sie lesen oder wie viele Seminare Sie besuchen, egal, wie viele Ausbildungen Sie gemacht haben, entscheidend ist letzten Endes: Setzen Sie auch um, was Sie gelernt haben?

Entscheidend für die Entwicklung von Humor und eine spielerische Haltung zum Leben ist die Fähigkeit zu »springen«. Zu springen bedeutet für mich, aus der »Null« zu handeln. Das kann heißen: sich zu zeigen, sich zu äußern, etwas zu wagen. Manchmal vollzieht sich ein Sprung zunächst innerlich. Wenn es wirklich ein Sprung ist, dann hat er Wirkung. Springen heißt auch: absichtlich wirken.

Ein Narrensprung ist ein Sprung, bei dem wir nicht genau wissen, wo der Sprung uns hinführt. Ein Narrensprung vertraut auf das, was wir »die Stimme des Herzens« nennen – er ist ein beherzter Sprung. Ein Narrensprung ist ein Sprung ins Feuer – und das Feuer wärmt und begeistert. Er ist ein Sprung ins kalte Wasser – und das Wasser belebt. Er ist ein Sprung in die Luft – und die Luft inspiriert uns, haucht uns zu. Wenn er oder sie so springt, landet ein Narr oder eine Närrin mit beiden Beinen auf dem Boden, auf der Erde.

In diesem Sinne hat ein Narr keinen »Sprung in der Tasse«, ihm fehlen nicht die »Tassen im Schrank«. Sondern er springt für etwas, was sein Herzt bewegt. Manchmal springt er erst, wenn ihm keine andere Wahl bleibt und ihm alle anderen Wege verschlossen sind. Und vielleicht ist es tatsächlich Zeit, die Tassen im Schrank auszuräumen und sie zerscheppern zu lassen!

So wünsche ich Ihnen mit diesem Buch einen guten Sprung!

Zwei Welten

Das Wesen der Null

Es gibt wohl viele Antworten auf die Frage: *Wer sind wir?* Wir sind körperlich. Wir fühlen und wir denken. Wir handeln, wir entscheiden und bestimmen. Wir versuchen auch einen Sinn im Leben zu finden. Aber unsere Kernerfahrung ist doch: Wir leben. Das Leben können wir nicht erklären, vielleicht bestenfalls beschreiben. Wir leben und sind Teil des Lebens.

Wie wir leben, was wir tun, was wir denken, was wir fühlen und welche Ziele uns begeistern und unseren Lebenslauf bestimmen, das ist für mich erst einmal zweitrangig. Zuerst ist das Leben. Ich nenne alles, was ist, die »Null«. Das sehe ich als unsere Kernerfahrung, die wir direkt erleben und die uns niemand erklären muss. Erst dann wird das Leben durch uns geprägt. Wir nehmen einen bestimmten Standpunkt ein, werden an einem bestimmten Ort geboren, lernen eine bestimmte Sprache und Kultur und unsere Eltern vermitteln ihre höchstpersönliche Art, wie man leben soll und wie sie es gerne hätten, dass wir leben.

Zunächst also leben wir. In uns ist Lebensenergie und Freude ist eine Form von Lebensenergie. Warum spreche ich in dem Zusammenhang aber von der »Null«? Weil die Prägungen durch Kultur und Familie dazu führen, dass wir oft nicht den

Menschen an sich sehen, der lebt, sondern das Was, Wie und Woher. Wir übernehmen Meinungen über die damit verbundenen Unterschiede und trennen uns voneinander. Wir fühlen uns manchmal sogar von uns selbst getrennt.

Manche Kulturen können mit dem Begriff »Null« etwas ganz Konkretes verbinden, zum Beispiel Indianerkulturen, die von der »Zero« sprechen. Sie haben sogar professionelle »Nullen«: Clowns, die ihre Gemeinschaft mit ihrem Spiel und mit ihren Späßen beleben. Sie schätzen diejenigen sehr, die sie als »Null« oder »Zero« anerkennen. Auch in unserer Kultur hat der Clown oder der Narr einen Stellenwert. Wer uns dennoch »eine Null«, einen »Clown« oder einen »Narren« nennt, meint das oft nicht als Anerkennung oder als lohnenswertes Lebensziel – im Gegenteil. Stattdessen ist es besser, »jemand« zu werden. Dazu werden wir alle angehalten. Was wir aber unter »jemand« oder »Null« verstehen, kann sich so radikal unterscheiden, dass daraus ernsthafte gesellschaftliche Konflikte entstehen können.

Der Narr und der Clown – eine genauere Unterscheidung zwischen beiden Formen erfolgt später im Kapitel »Wo das Lachen aufhört oder: Die Aggression hinter dem Lächeln« (Seite 98 ff.) – erinnern uns an das Leben, das uns eint. Sie erinnern uns daran, dass das Leben an sich das Wichtigste ist, nicht unsere besondere Auffassung davon und nicht die eigene Wichtigkeit. Sie erinnern uns an die Lebenslust und an die Lebensfreude, an das Spiel und an das Lachen. Sie erinnern uns durch ihr Spiel daran, dass wir das Wesentliche vergessen, wenn wir uns und unsere Auffassungen vom Leben zu ernst nehmen. Im Spiegel unseres Lachens und eines gemeinsamen Spiels können wir das Verbindende entdecken und uns von der »Welt der Prägung« (siehe unten) lösen.

Die Null ist also das Leben, das Lebendige in uns – und das Leben »lacht«. Was für eine Freude überkommt uns, ein Neugeborenes zu erleben! Es muss nicht einmal unser eigenes Kind sein.

Wer aus seinem ungeprägten Selbst lebt, gilt als »natürlich«, »echt«, »lebendig«, »spontan« und »in Kontakt«. Wer sich auch noch für das Unbekannte interessiert, gilt als »neugierig«, »abenteuerlustig« und »mutig«. Wer sich direkt äußert ohne Rückhalt oder Hintergedanken und die Gefühle direkt zeigt, gilt als »ehrlich« und »aufrichtig«. Wer andere Menschen direkt anspricht, sich in sie hineinversetzen kann, sie wertschätzt, wird als »einfühlsam«, »offen« und »gefühlvoll« bezeichnet. Und sollte diese Person noch dazu energievoll und freundlich, voller Hoffnung und Vertrauen sein, selbst wenn sie traurig ist, dann ist sie »glücklich«. Es liegt nahe, dass ein solcher Mensch auch »humorvoll« sein müsste. Das Strahlen seiner Augen drückt sich ebenfalls in seinem Körper aus, er lacht gerne und jedes Lachen lässt ihn noch lebendiger werden. Seine Gefühle »fließen«. Er hat »Humor«, denn er lacht einfach so, weil er lebt. Er erlebt sich in diesem Augenblick als »Null«.

Das freie Lachen, der Humor und die Lebenslust werden von den meisten Menschen wertgeschätzt, nur werden diese Eigenschaften oft als Folgen des materiellen Erfolgs oder des Glücks angesehen und nicht als Grundeigenschaft des Menschen, die jedem offensteht. Bilder von »glücklichen« Frauen und Männern sehen wir jeden Tag in Zeitschriften und in der Werbung. Wir lernen dabei die Geschichten von Filmstars, Leistungssportlern, von Berühmtheiten aller Art kennen, die in unserer Gesellschaft gefeiert werden. Ob diese Bilder aber wirklich stimmen? Wir haben sicher recht, misstrauisch zu sein, ob die Realität hinter diesen Bildern genauso glücklich und strahlend ist. Genauso gut lassen sich die Geschichten der Schattenseiten und der Misserfolge solcher Persönlichkeiten verkaufen.

Doch zurück zur Null. »Null« heißt auch: nicht vorherbestimmt. Somit verbindet uns die Null mit der Welt des Kindes, das wir einmal waren. Was wir als Kind selbstverständlich taten, die Welt durch die Sinne und durch Spiel kennenzulernen, bleibt in uns wach, solange wir leben. Wir spielen bis ins hohe Alter hinein. Als Erwachsene sind unsere Spiele meistens Sportarten, Wettbewerbe, Kartenspiele und Gesellschaftsspiele. Die meisten Menschen lieben auch Witze, erzählen sie oder hören sie gerne, sie lachen mit Freunden oder über die Situationskomik im Alltag. Als Kind wollen wir die Welt jedoch mit allen Sinnen entdecken. Wir kennen die Welt noch nicht und können sie nur direkt erleben, vielleicht sogar mit Sinnen, die so fein sind, dass wir sie später als Erwachsene nicht mehr wahrnehmen. Als Kind spüren wir unsere Bedürfnisse unmittelbar und drücken sie sofort aus. Unsere Gefühle »fließen«. Damals haben wir uns körperlich durch Bewegung erfahren. Wir haben uns von uns aus gefreut und brauchten menschlichen Kontakt, Halt und Wärme sowie körperliche und seelische Nahrung, um zu gedeihen und uns zu freuen. Diese kindliche Energie wandelt sich zwar mit der Zeit und mit dem Wachsen, aber die Lebendigkeit und Freude, die wir mit auf die Welt bringen, bleibt, und unsere Bedürfnisse bleiben auch, egal, wie alt wir sind.

Wenn wir die eigene Lebendigkeit spüren, wenn wir echten Kontakt und Halt erleben, bei dem wir uns nicht verstellen müssen, lächeln wir sofort – es sei denn, wir haben gelernt, Angst vor unserer eigenen Lebendigkeit zu bekommen. Diese Sicht der Welt muss voller Energie und Hoffnung sein. Die Freiheit des Ausdrucks und des Handelns wird in unserer Kultur als Grundrecht anerkannt – es sei denn, wir haben uns daran gewöhnt, unfrei zu sein, und überlassen Entscheidungen und Verantwortung lieber anderen.

Eine humorvolle Lebenshaltung ist daher ein Zeichen wahrer innerer Freiheit, bei der wir ehrlich, mutig, freudig und frei sind, indem wir offen sein und in Beziehung leben können, in dem unsere Gefühle und Wünsche anerkannt sind und wir sie äußern und leben können. Eine humorvolle Haltung erkennt an, dass es verschiedenste Wege und verschiedenste Menschen gibt, auch wenn uns die Eigenarten dieser Verschiedenheiten merkwürdig oder gar abstoßend vorkommen. Sie geht davon aus, dass mich mehr mit dem (mir fremden) anderen als Mensch verbindet als mich von ihm trennt. Humor zeigt sich unter anderem darin, mit anderen über sich selbst frei zu lachen. Humor in meinem Sinne drückt unsere Verbundenheit und unsere Teilhabe am Leben aus, ohne dass wir uns dafür verstellen müssen, und schafft auch den Raum und die Stimmung dafür. Nur so ist unser Lachen authentisch – nur so sind wir echte Nullen.

Die Welt der Null und die Welt der Prägung

Stellen Sie sich zwei grundverschiedene Erfahrungswelten in uns vor: eine »Welt der Null« (A), in der unsere Grundbedürfnisse befriedigt werden, in der wir unsere Lebendigkeit spüren, in der wir für Kontakt, Begegnung und Beziehung offen sind, in der wir uns den Freiraum nehmen, authentisch zu sein, und den Moment wertschätzen. Stellen Sie sich daneben eine zweite Welt vor (B), die als durch einen Filter erlebt wird, durch den ich mich und die Welt sehe, durch den ich reagiere, denke und fühle, durch den ich meine Meinungen und meine Begründungen bilde.

Stellen Sie sich eine Welt A vor, in der die Menschen sich direkt begegnen, in der wir uns anlächeln, wenn unsere Blicke sich begegnen. Sie ist die Welt des freien, unbeschwerten, spielerischen Raumes, in dem die Dinge ohne Wertung gesehen werden können. Das ist der Raum, aus dem die Fähigkeit zum Humor entsteht. Wenn Humor ein freies Lachen auslöst, sind wir sofort wie selbstverständlich in dieser Welt und sind befähigt und bereit – wenn auch nur für einen Moment –, die Welt aus dieser natürlichen, ungetrübten Lebenshaltung zu sehen. Dies ist wie ein innerer Narrensprung, der sich durch das Lachen äußert. Das setzt Menschen voraus, die Lebendigkeit, Begegnung und Freiheit an die erste Stelle setzen und die Lebendigkeit, Begegnung und Freiheit bei anderen wertschätzen, die durchlässig sind und sich mit sich und der Welt verbunden fühlen, die spontan und neugierig sind und sich freuen, am Leben zu sein.

Die Welt B braucht man sich gar nicht vorzustellen. Die kennen wir gut genug. Sie ist die Welt unserer täglichen Routinen und Gewohnheiten, unserer geprägten Reaktionen, die Welt unseres Denkens und unserer Erfahrung. Ich finde es wichtig, diese beiden Welten A und B voneinander zu unterscheiden. Welt A ist wie ein unbeschriebenes Blatt, das wir immer sind, wenn wir spontan und direkt sind. Welt B ist wie ein beschriebenes Blatt, das anscheinend keinen Platz für Neues hat.

Wie die beiden Welten A und B aus meiner Sicht zusammenspielen, will ich gerne anhand eines Bildes beschreiben. Stellen Sie sich vor, ein großer Kreis stellt den ganzen Menschen dar: mit Körper, Denken, Fühlen – der emotionale Haushalt unserer Reaktionen und Stimmungslage – Wille, Begeisterung und Lebenslust. Wenn der Kreis durchlässig ist, stehen uns unsere Möglichkeiten ganz zur Verfügung. Wir stehen in einem ständigen Austausch mit unserem Inneren und mit der Außenwelt. Eine Wirkung findet ständig auf jeder Ebene statt. Wenn diese Aspekte in einer guten Beziehung zueinander stehen, fühlen wir uns »in unserer Mitte« und spüren auch die Lebenskraft, die Lebensgeister, die wir mitbekommen haben. In der »Null-Welt« (A) sind wir zu 100 Prozent körperlich und fühlend. Wir sind »im Fluss«, erleben im Moment. Wir schöpfen aus dem Vollen, freuen uns und sind zum Spielen und Lachen aufgelegt. Wir genießen es, am Leben zu sein.

Wenn wir offen lachen, ist der Filter aus der Welt B weg, vielleicht nur für einen Moment, vielleicht für länger – wie die Blende einer Kamera, die aufgeht und sich wieder schließt. Je mehr wir die gelernten Muster wahrnehmen, umso mehr können wir mit ihnen spielen. Das Lachen wirkt dabei oft wie eine Art »Kurzschluss« zwischen Denken, Fühlen und Sinn. Wenn wir vom »Herzen« oder vom »Bauch« aus lachen, wird die ganzkörperliche Erfahrung des Lachens spürbar.

Wichtig ist beim Lachen, ob es das Herz ist, das lacht (die Welt A), oder die Prägung (die Welt B). Im letzteren Fall ist das Lachen ein Weg- oder Auslachen, das eher Schmerz verlängert, als dass es ihn aufhebt.

Ich bin sicher, diese beiden Welten sind Ihnen nicht fremd. Im Alltag wechseln sie sich immer wieder ab, aber manchmal werden sie einander sehr radikal gegenübergestellt.

Zum Beispiel kennen Sie Momente der Zufriedenheit, für die Sie »nichts« getan haben, Momente der Freude, der Liebe oder der Lust. Vielleicht sind Sie jemandem begegnet, mit dem Sie sich sofort verstanden haben und zu dem oder zu der Sie sich hingezogen gefühlt haben. Alles bei der Begegnung »stimmte« – Sie handelten und sprachen, ohne nachzudenken. Dann dachten Sie daran, dass diese Person vielleicht doch nicht in Ihr Leben passt. Sie fanden die Begegnung zwar schön, aber nicht von Dauer – oder unpassend. Sie erinnerten sich, wer Sie sind, und bedauerten womöglich, sich »vergessen« zu haben. Später dachten Sie sehnsüchtig an solche Momente der Zufriedenheit zurück, sind aber bereits längst zur »Realität« zurückgekehrt.

Wenn Sie schon einmal ein Seminar besucht haben, bei dem die Teilnehmer Zeit hatten, sich zu begegnen und einem gemeinsamen Interesse nachzugehen und sonstige Urteile ruhen zu lassen, kennen Sie die Gefühle von Nähe und Wohlsein, die sich wie automatisch einstellen, wenn man etwas gemeinsam erlebt und dies Freude bereitet. Begegnen Sie sich in der alltäglichen Welt und müssen Sie etwas zusammen tun, kann es gut sein, dass dann die Unterschiede im Denken, Verhalten und in den Interessen eher auffallen. Eine der häufigsten Fragen in einem Seminar über die Lebensfreude ist deshalb: »Wie rette ich dieses Gefühl in den Alltag?«

Gefühle können wir aber nicht festhalten und schon geht es Montag früh wieder zur Arbeit und Sie kommen in eine ganz andere Welt. Eine Weile dauert die Freude und die Erinnerung noch an, bald aber verlieren sich die Gefühle vom Wochenende im Getümmel des Alltags.

Sie waren bestimmt auch schon in einem Land mit einer anderen Kultur, Sprache und mit anderem Verhalten. Wie erfrischend ist es, woanders zu sein und bedient zu werden! Dann kommen Sie wieder nach Hause … Der Schnitt muss nicht so gravierend sein. Vor allem, wenn zwischen Ihrem Urlaub und Ihrem Alltag kein so großer Unterschied besteht, werden Sie den Übergang vielleicht gar nicht so stark merken oder sich sogar auf eine geregelte Routine freuen. Wenn Ihnen aber die unbezahlten Rechnungen, unerfreuliche Begegnungen und Beziehungen, die Arbeit und auch die Sorgen wieder einfallen, stellt sich sogar der bekannte körperliche oder seelische Zustand wieder ein, dem Sie eine Weile entrinnen wollten. Alles ist wieder wie vorher. Die Welt B hat uns endgültig wieder.

Ich möchte einige weitere Beispiele für die Welt der Prägung (der Welt B) und deren Auswirkungen auf uns skizzieren.

Wie jedes Kind braucht jeder von uns – auch als Erwachsener – andere Menschen. Schon durch unsere Entstehung sind wir ein Ausdruck von Liebe. Wenn uns mit Liebe begegnet wird, blühen wir auf, wenn nicht, ist unsere Lebenslust geschmälert – wir können sogar die Lust am Leben ganz verlieren. Wir verlieren das Lachen und die Motivation, etwas zu tun. Wir können zwar das Fehlen von menschlicher Wärme, Nähe und Anerkennung durch unseren Verstand notdürftig ausgleichen, dennoch bleibt stets ein Gefühl des Mangels spürbar. Dieser Mangel beeinflusst maßgeblich unsere Entwicklung als Erwachsener und unsere Haltung zum Leben. Wie wir über uns denken, zeigt sich in unserem Verhalten und in unserer Körperhaltung, in unserer Stimme wie in unserer Grundstimmung, in unserem Atem, in unserer Gefühlswelt und in unseren Beziehungen zu anderen Menschen und zu der Welt um uns.

Wie unsere »Null« geschmälert, verdeckt oder ganz zugedeckt werden kann, können Sie erkennen, wenn Sie alte Fotos von sich anschauen. Wenn Sie noch über Babyfotos verfügen und dann die Fotos von sich aus verschiedenen Zeiten anschauen, können Sie selbst sehen, wie viel von der ursprünglichen Lebenskraft in Ihnen heute noch zum Ausdruck kommt und wie sie sich ausdrückt.

Wir brauchen mehr als Nahrung, wir brauchen menschliche Nahrung, Nähe und Halt, Anerkennung und Unterstützung. Wie oft haben wir als Erwachsene den abwertenden Satz gehört: »Er will nur Aufmerksamkeit!« Wie viele Menschen vermeiden es, »im Mittelpunkt« zu stehen, weil sie nicht als »Angeber« dastehen wollen! Wie viele von uns kennen es, sich keine Späßchen erlauben zu dürfen, um nicht als »Störenfried« dazustehen! Die Meinung anderer bleibt uns wichtig, aber wann ist sie nur Ausdruck gegenseitiger Kontrolle?

Wenn unsere Grundbedürfnisse erfüllt werden, sind wir zufrieden. Die »Null« braucht aber zusätzlich zum Essen und Trinken Erfüllung in drei wesentlichen Lebensbereichen:

Wir brauchen es, unsere Lebendigkeit zu spüren, indem wir einfach da sind und uns in den verschiedensten Formen ausdrücken. Wir brauchen Anerkennung, Halt, Nähe und menschliche Wärme. Wir brauchen die grundsätzliche Freiheit, den Raum und die Erlaubnis, so zu sein, wie wir sind, ohne uns ändern zu müssen.

Das ist kein gesellschaftlich-politisches Programm, sondern das, was wir zunächst für uns aus meiner Sicht brauchen. Davon hängt unser Selbstwertgefühl ab und wie wir uns, den anderen und der Welt begegnen.

Wir sind durch viele Einflüsse »beschrieben« worden. Unser Selbstbild, Selbstwert und unser Verhalten werden gebildet und geprägt durch unsere Familie, die uns einen Bezugsrahmen gibt, wie wir die Welt verstehen. Was unsere Eltern oder die Menschen, die uns am nächsten sind, tun, fühlen und denken, vor allem, wie sie sich uns gegenüber verhalten, wie sie für uns sorgen, wie sie mit uns reden, welche Gefühle sie uns entgegenbringen, wie sie uns ansehen: All das ist für unser Überleben maßgebend und sagt uns, wer und wie wir sind, was etwas wert ist und was nicht. Als Baby und als Kind leben wir lange in einer Welt, in der wir alles auf uns beziehen und Rückschlüsse darüber machen, ob wir so in Ordnung sind, wie wir sind. Als Eltern haben wir keine andere Möglichkeit, als unsere Kinder mit unserer Lebensart und mit unserer Art der Liebe zu prägen.

Unsere Freude wird heute oft durch Regeln und Pflicht, durch Forderungen, Über- und Unterforderung, durch die Notwendigkeit, Ordnung zu schaffen, durch Chaos und Missverständnisse, Zeitmangel und Routine, durch Urteile und Meinungen, durch Ängste und Anstrengung und durch Misserfolge infrage gestellt. Es spielt für uns eine entscheidende Rolle, ob unsere Familie komplett ist oder ob jemand fehlt. Die eigene Familiengeschichte ist uns wichtig, egal, ob wir arm oder reich sind und welche gesellschaftliche Position, welche Religion, welche Tradition, welche Nationalität, welche Sprache wir haben. Egal, ob wir Junge oder Mädchen sind und welche Haltung unsere Eltern zu all dem, zu sich selbst und zueinander haben. Die Kultur und die Familie prägt auch, wie wir lachen und welche Rolle das Lachen spielt. Als Kinder hören wir Sätze und Bezeichnungen, die uns prägen und beschreiben: »Meine kleine Prinzessin«, »Müllers Sohn«, »Mein Ein und Alles«, »Nichtsnutz!«, »Mein Bester!«, »Das kannst du!«, »Das lass sein!«, »Wage es bloß nicht!«. Und schon als Kinder reagieren wir auch darauf mit unseren eigenen Sätzen: »Mach ich nicht!«, »Gerne!«, »Mein Papa kann das!«, »Ich kann das schon allein!«, »Geht nicht!«, »Ich kann es!«, »Ich werde es nie können!«. Solche Sätze können zu Leitbildern für uns als Erwachsene werden.

Unsere Erfahrungswelt der täglichen Realität hängt zu einem sehr großen Teil davon ab, wie wir geprägt worden sind. Wir wollen gerne glauben, dass wir in allem frei sind, aber unsere Herkunft, auch unsere Gene und unsere persönliche Lebensgeschichte bewirken, dass wir Position beziehen, eine bestimmte Identität entwickeln und eine bestimmte Person werden. Als diese Person betrachten und beurteilen wir die Welt und handeln aus unserem Standpunkt heraus. Dies ist für uns wichtig – gleichzeitig ist unser Standpunkt nicht der einzige. Dies zu erkennen, ist für uns auch wichtig.

Wir lernen, dass Gegensätze sich ausschließen und dass wir nicht gleichzeitig für etwas und auch dagegen sein können. Stellung beziehen heißt entscheiden. Wir lernen, dass wir entweder hier sind oder dort. Wir lernen, dass die Dinge bleiben, wie sie sind, es sei denn, man verändert sie. Sie ändern sich nicht dadurch, dass man sie wahrnimmt und wertschätzt. Wir lernen, dass wir für das kämpfen müssen, was man will – und wir nicht warten und gewähren lassen können.

In der Regel bestätigt sich unsere Prägung durch unsere Erfahrung. Die Welt ist so, wie ich lerne, dass sie ist. Und wenn sie doch nicht so ist, könnte mich das stören. Was uns prägt und was wir von anderen lernen, finden wir auch in der Welt bestätigt. Die Prägung umschreibt die ernsthafte Welt. Unsere persönliche Sicht der Welt, geprägt durch unsere persönliche Geschichte und Erfahrung oder durch das, was man uns erzählt hat, prägt wiederum, wie wir die Welt wahrnehmen.

Diese Sicht der Welt ist wie der bereits erwähnte Filter, durch den wir alles sehen und bewerten. Während unserer Entwicklung als Person passen wir uns in unserer Bewegung, in unserem Fühlen und Denken an. Man gibt uns einen Bezugsrahmen, Normen, die uns zunächst den Sinn und die Orientierung geben. Wir können uns in vielem anpassen. Die Denk-, Fühl- und Bewegungsmuster, die wir lernen, wirken wie eine Art Mantel, Schleier oder Blende und sind wie eine enge Haut oder Ganzkörpermaske, die uns durchdringt und unsere Wahrnehmung bestimmt. Wir verlieren die Orientierung, geraten aus unserer Mitte, verlieren das seelische Gleichgewicht. Wir versuchen dann durch die Betonung eines bestimmten Aspekts, zum Beispiel das Denken, uns ins Lot zu bringen. Wir zweifeln uns an, grübeln nach und kommen zu keinem Ergebnis. Dann verzweifeln wir.

Der Alltag der geprägten Sicht ist voller Grenzen und Wertungen: »Es gibt Bedingungen und man hat sich daran zu halten!« »Das Leben ist kein Spiel.« »Das macht keinen Sinn und das ist Unsinn!« »Das ist von Nutzen – das dagegen nützt nichts, also schlage es dir aus dem Kopf!« »Das Leben ist ernst.«

Diese Sicht kann heißen, sich auseinanderzusetzen, um Recht zu bekommen, zu handeln, um etwas zu erreichen. Und man erwartet vom anderen, dass er sich genauso verhält. Es ist besser, Erfolg zu haben, als zu scheitern, und das heißt gewinnen, nicht verlieren. Man vergleicht sich mit anderen, um zu ermitteln, wie weit man im Leben gekommen ist. Man gehört einer bestimmten Familie, einer bestimmten Schicht an – und sie kommt zuerst. Man hat Glück oder Pech mit den Möglichkeiten, die man hat. Man ist seines Glückes Schmied – dafür muss man hart arbeiten. Man muss nach vorne schauen und weiterkommen. Man kann nicht alle Menschen lieben.

Ich nenne dies »die ernsthafte Welt«.

Der Filter kann so mächtig werden, dass wir die Null, den lebendigen, freien Raum in uns, nicht mehr spüren. Wir verlieren unsere Fähigkeit zum bewussten Handeln, Denken und

Fühlen und reagieren nur noch (selbst wenn wir zu bestimmen meinen). Wir glauben, dass die Welt insgesamt so ist, wie wir sie erleben. Ob sie wirklich so ist, ist eine andere Frage. Wenn ich also gelernt habe, dass ich »nichts« kann, werde ich es lange glauben, selbst wenn meine Erfahrungen dagegensprechen und ich mich sehr anstrenge, etwas zu können. Solche Glaubenssätze können uns die schönsten Erfolge zunichtemachen.

Wie wir damit zurechtkommen, hat viel damit zu tun, wie weit wir auf unsere nährenden Ressourcen zurückgreifen können – entweder durch den Humor, den wir in unserer Familie erlebt haben, oder durch die nötige Kombination aus Distanz und Mitgefühl, mit der wir die Komik der Situation erkennen und zum grundsätzlichen Lachen der Null zurückfinden. Die Momente der gemeinsamen Freude und das gemeinsame Lachen bestärken die Erfahrung der Lebenskraft und der Liebe, mit der wir auf die Welt gekommen sind. Unsere ursprüngliche Energie, Begeisterung und Neugierde auf die Welt, unsere Unbekümmertheit müssen wir als Erwachsene nicht deshalb verlieren, weil wir mehr verstehen und mehr können. Und auch nicht, weil wir wissen, dass die Welt, in der wir leben, nicht so geschützt ist, wie es die Kinderstube von damals sein sollte.

Die Wahl der Wirklichkeit – Die Wahl des Humors

Das Aufeinandertreffen dieser beiden skizzierten Welten kann explosiv werden. Vor einigen Jahren war ich mit Teilnehmern meiner Jahresgruppen auf einem Psychotherapiekongress, um das Kongressfoyer zu »beleben«. Eine Clownin, die besonders gerne und gut »fantasierte«, saß unten vor der großen Treppe, die zum Auditorium hinausführte, und bemühte sich liebevoll, einen Schokoladenkäfer dazu zu ermutigen, wenigstens eine Stufe hochzufliegen. Sie hatte große Ausdauer, betrieb ihr Anliegen sehr inständig und mit Liebe und die meisten Zuschauer um sie herum fanden das witzig und berührend. Da tauchte ein Kongressteilnehmer auf, ein großer Mann, rot angelaufen und wutentbrannt, und regte sich so sehr darüber auf, dass er den Schokoladenkäfer nahm und ihn die Treppe hinaufwarf.

Für die Clownin war dies eine Kränkung und schwer zu ertragen. Erst im Nachhinein sah sie die Möglichkeit, trotz dieses Angriffes im Spiel zu bleiben und freudig und dankbar dem Schokoladenkäfer nachzuschauen, dem der Flug mithilfe dieses Mannes über alle Maßen gelungen war! Das ist die Clownsicht und die Sicht der Welt A. Es ist die Welt der roten Nase.

Es passiert oft genug, dass Erwachsene sehr gereizt oder regelrecht wütend auf die rote Nase in der Öffentlichkeit reagieren, weil sie meinen, dass es nicht passt, stört oder sich nicht ziemt, dass ein Erwachsener sich »kindisch« benimmt oder sie in etwas hineinziehen möchte. Das ist wieder die Welt B. Das Tragen einer roten Nase und bunter Kleidung in der Öffentlichkeit kann Menschen verunsichern, die nur in dieser Welt leben.

Deshalb kann es gut sein, dass Menschen auf jemand mit Ärger reagieren, der »im ernsthaften Leben« den »Clown« oder »den Narren« spielt. Sie werden zur Störung des Alltäglichen. Nur wenn der Clown angesagt oder angemeldet ist, gibt man ihm einen Platz. Er darf im Zirkus auftreten, und dort sollte man hingehen, um seine »unterhaltsamen Ablenkungen« zu genießen. In der Öffentlichkeit gibt es für den Clown oder die rote Nase dagegen nicht nur fröhliche Blicke. Viele Menschen schauen weg, sind verunsichert oder sind, wie gesagt, manchmal auch verärgert. Kinder dagegen reagieren meistens mit Freude. Ohne eine rote Nase ist die Absicht eines Narren in der Öffentlichkeit nicht einzuordnen – vielleicht ist er ein Spinner und gehört in die Psychiatrie?

Einem kleinen Kind können wir erlauben, den Clown im Familienalltag zu geben – wir freuen uns vielleicht darüber oder sind auf es stolz. Wenn aber das Kind ins Bett soll, kann die Grenze des Erlaubten übertreten werden und es »nervt« nur noch. Dann sagen manche Eltern: »Mach keinen Zirkus!« Wenn ein Erwachsener in der Öffentlichkeit sich »kindisch« benimmt, fällt er für viele unangenehm auf. Manche erwachsene »Narren« sehen im Narren und im Clown nur den »Rebell«, der sich immer über alles lustig macht, die Bürger verhöhnt und von daher nicht ernst genommen wird. Der Alltag und die rote Nase gehen nicht automatisch harmonisch zusammen, Spielfreude im Alltag ist für manche ein Widerspruch in sich.

Unsere Freude im Leben, die Qualität unserer Beziehungen und Arbeit, unsere Entscheidungen und unser Verhalten, das alles hängt davon ab, wie wir die Welt sehen. Selbstverständlich sagen zwar alle, dass sie Humor haben und gerne lachen. Wann sie und worüber sie aber gerne lachen, ist so unterschiedlich, dass es leicht möglich ist, jemand zu ärgern, wenn man sich »einen Spaß« erlaubt, den der andere nicht komisch findet. Wir unterscheiden uns in unseren Grenzen und in unserer Auffassung von Grundwerten, oder darin, wie sie sich ausdrücken. Wir unterscheiden uns darin, was wir als gegensätzlich empfinden, was wir vom Humor ausschließen und was dazugehört. So wird es unterschiedlich sein, wann und worüber wir lachen, worüber wir uns freuen und wann bei uns »der Spaß aufhört«.

Aus der Sicht der Null hat der Moment zunächst Vorrang und in dieser Welt ist »alles möglich«. Um es mit den Worten Johan Huizingas in *Homo Ludens* (Der spielende Mensch) zu sagen: »Ernst ist der Ausschluss des Spielens. Das Spiel schließt aber den Ernst ein.« Aus diesem Grund nimmt der Humor der Null die Inhalte der »ernsthaften Welt« und lacht über sie. Dadurch muss er auch über sich selbst lachen, denn er gehört ebenfalls zu dieser Welt.

Es geht um die Frage: Was wiegt mehr? Die schon gemachten Erfahrungen oder die Lebenslust mit ihren Möglichkeiten und Freiräumen? Ich stelle mir dazu eine Waage vor. In der einen Schale befinden sich die gemachten Erfahrungen, die im Gegensatz zur Lebensfreude stehen, in der anderen ist die grundsätzliche Lebensfreude. Welche Schale hat mehr Gewicht? Welchen Schluss ziehen Sie daraus? Ist das Leben eine Freude oder der Alltag ein Graus? Überwiegt die Lust oder die Depression? Steht der Alltag im Gegensatz zur Lebensfreude?

Eine Balance ist meiner Meinung nach möglich, es besteht eine Durchlässigkeit zwischen beiden Welten. Die Null stellt in den Augen der »Erfahrung« immer ein Risiko dar. Wie mein verstorbener Freund Bill B. immer lehrte, geht es bei seelischer Gesundheit um »Realität – koste, was es wolle«. Es ist nur die Frage: Welche Realität?

Die »Welt der Erfahrung« meint: »Spiel ist nur Spiel, also nicht ernst zu nehmen.« Die »Welt der Null« sagt: »Was ist wirklich? Was zählt?« Viele machen die Erfahrung, dass das Spiel eine sehr große Wirkung hat, und befürchten, dass »persönliche Lebensspiele« im Spiel gerade aufgedeckt werden, was für sie unangenehme Folgen hätte. Manche lassen sich besser darauf ein, wenn sie die Versicherung bekommen: »Es ist nur ein Spiel!« Wenn sie sich einlassen, merken sie, dass Spiel nicht ohne Folgen ist, sondern wirkungsvoll und real.

Viele Menschen kommen sich schon vor wie »Narren« und »Clowns« im alltäglichen Leben. Das heißt: Sie haben das Gefühl, nicht ernst genommen zu werden. Die »Narren« und »Närrinnen«, die »Clowns« im eigenen Leben sind oft traurig, verärgert oder verwirrt. Sie fühlen sich nicht gesehen und nicht wertgeschätzt und beschweren sich darüber, sich oft erschöpft und überfordert zu fühlen, missverstanden, bedrückt, überfordert oder auch nicht ausgelastet. Sie beschweren sich auch über sich selbst und bezichtigen sich der Trägheit und eines schlechten Gewissens, sich selbst oder anderen gegenüber, weil sie ihre Wünsche nicht erreichen oder die Erwartungen anderer nicht erfüllen. Oder sie spielen den Klassenclown oder den Rebell und können immer wieder davon erzählen, wie Menschen sich provoziert fühlten und sich geärgert haben, was sie einmal mehr als »humorlose Menschen« entlarvt hat. Wenn Sie nicht die Null in sich entdecken, könnte es heißen:

Schaffe, schaffe, Häusle baue
Und net nach den Mädle schaue.
Tod umfalle.

Neulich bin ich nach London gereist, um meine Eltern zu besuchen. Ich wollte einen Streit beilegen, den wir wegen meiner Schwester hatten. Sobald ich damit anfing, meine Sicht der Dinge darzulegen, setzten auch der Streit und die Rechtfertigungen wieder ein und meine Mutter begann, sich über dies und jenes aus der Vergangenheit aufzuregen und Sachen auszugraben, von denen ich dachte, sie längst mit ihr beigelegt zu haben. Ich fing an, mich klein zu fühlen und mich zu verteidigen. Ich sah keinen Ausweg, keine Lösung, außerdem fühlte ich mich genau in der verworrenen Situation (aus Schuldzuweisungen und Rechtfertigungen) mit meinen Eltern wieder – und sie wohl mit mir –, die wir lange miteinander hatten. Ich hielt inne und fragte mich: Was will ich eigentlich mit meinen Eltern erleben?

Ich sah sie an und sagte so etwas wie: »Ich bin gekommen, weil ich euch sagen wollte, wie diese Situation entstanden ist, damit ihr aus meiner Sicht hört, was ich weiß. Ich bin aber auch mit dem Wunsch gekommen, ihr würdet verstehen, warum ich wegging und dass es nichts damit zu tun hatte, ob ich euch liebe oder nicht – ob ich euer Sohn bin oder nicht. Ich liebe euch und bin euer Sohn. Gegangen bin ich, um mich zu retten, um mein Leben führen zu können, weil ich mich so fühlte, dass ich hier nicht leben konnte und das Leben, das ihr für mich wolltet, auch nicht. Ich bin für mich gesprungen, nicht gegen euch, auch wenn ihr das so gefühlt habt.«

Während ich sprach, entstand fühlbar eine andere Atmosphäre. Ich begann, innerlich zu zittern und war bewegt, und meine Eltern ebenso. Sie fingen an, mir von meiner Urgroßmutter zu erzählen, die mit ihrer Familie vor dem Ersten Weltkrieg in Berlin lebte, dort, wo ich später hingesprungen bin, als ich England verließ. Ich erfuhr in diesem Gespräch mehr über alle möglichen Mitglieder meiner weitverzweigten Familie als jemals zuvor, als ich meine Eltern deswegen danach befragte.

Und noch etwas: Meine Mutter erinnerte sich an eine Begebenheit aus meiner Kindheit: Ich wäre einmal von der Schule gekommen und hätte ihr ein Lied vorgesungen. Sie meinte, ich hätte gesungen und getanzt, und sie hat so gelacht und sich so gefreut, sie hätte sich nicht mehr halten können. Sie sagte, wie viel Humor ich schon damals hatte und wie ich sie hatte zum Lachen bringen können. Ich war wie »von den Socken«. Diese Geschichte hatte ich immer anders in Erinnerung: als Beispiel dafür, wie meine Mutter mich ausgelacht und mich lächerlich gemacht hat. Danach habe ich ihr nie wieder etwas vorgesungen und meine Eltern zu den vielen Auftritten und Vorführungen in der Schule, an denen ich teilnahm, nicht mehr eingeladen.

Ob sich etwas in der Erinnerung meiner Mutter geändert hat, ob sie mir endlich sagte, wie sie sich damals wirklich fühlte oder ob ich damals die ganze Situation falsch aufgefasst hatte: Es war plötzlich nicht mehr so wichtig. Aber es hatte mit zum Verlauf unserer Beziehung und zum Verlauf meines Lebens beigetragen.

Die rote Nase als Hilfe zum Narrensprung

Ein Narr springt von A nach B und wieder zurück und fühlt sich in beiden Welten wohl. Eine rote Nase anzuziehen, hat für mich die Wirkung, die beiden Welten zunächst voneinander zu trennen, damit diese Unterscheidung erlebbar wird. Ich wähle die rote Nase, weil sie ein Symbol für die Tradition des Clowns ist und von daher für die Heiterkeit und das Lachen steht. Sie verändert auch tatsächlich das Gesicht und das Aussehen.

Die rote Nase dient als Hilfe, die Ebenen zu wechseln. Mit der roten Nase bin ich in der Welt des Clowns, des Spiels und der Neugierde, in der Welt des Jetzt. Die Nase allein bewirkt diese Änderung noch nicht – ich muss sie auch wollen. Für diese Änderung muss es andererseits nicht unbedingt eine Nase sein. Sie ist lediglich ein sinnvolles und einfaches Hilfsmittel, weil sie Tradition und Wirkung hat. Oft reicht auch schon ein roter Punkt auf der Nase.

Sie brauchen die rote Nase auch nicht unbedingt anzuziehen. Wenn Sie eine solche haben, können Sie sie auch in der Tasche halten. Aber allein die Tatsache, dass Sie eine rote Nase in der Tasche haben, kann Sie an die Null erinnern und Ihnen freien Raum und einen anderen Blickwinkel verschaffen, wenn Sie sich zu sehr in der Welt der »ernsthaften Realität« verloren haben.

Ich lasse meine Seminarteilnehmer die rote Nase gern anziehen und sich gegenseitig anschauen, ohne »den Clown« spielen zu müssen, um die Wirkung nach innen und nach außen zu spüren – einmal, wenn ich sie selbst aufhabe, und einmal, wenn ich sie wieder ausziehe. Ich weise auch darauf hin, mit der Nase mehr durch den Mund als durch die Nase zu atmen, um sich mehr mit dem eigenen Gefühl und dem Ausdruck zu verbinden.

Die meisten erleben durch die Nase eine Nähe, eine Sympathie zu den anderen, als ob sie zum selben »Club« gehören. Sie fühlen sich oft intensiver als vorher, müssen lachen, sind zu Späßen aufgelegt, fühlen sich echter. Wer die Nase als Schutz erlebt, hat oft das Gefühl, sich mehr erlauben zu können als sonst. Wenn man öfter die Nase auf- und dann wieder abzieht, merkt man, dass es einen Unterschied macht, ob jemand die Nase aufhat oder nicht. Schon beim zweiten Mal merkt man, dass wir jetzt das Gesicht auch ohne Nase genauer wahrnehmen. Es hat sich etwas verändert.

Die Nase auszuziehen, vermittelt den Seminarteilnehmern oft den Eindruck, wieder den Ernst zu sehen, die Unterschiede – aber auch, dass sie die Unterschiede mehr wertschätzen. Manchmal merken sie, wie die »normalen« Urteile wiederkommen.

Wenn man die Nase aufsetzt, kann man sich vorstellen, alles auszuatmen, was man von sich und anderen kennt – die ganze Welt B –, als würde man seinen Namen ausatmen können: »Phoo!« (Klingt wie »fou!« – Französisch für »verrückt«). Und damit ist man im »Clownraum«. Das ist ein Spielraum, in dem der Impuls zum Spiel einlädt. Es kann auch der geschützte Raum sein, den Sie für die Spielübungen brauchen, die ich oben bei der Null beschrieb. Sie können in diesem Raum spielen. Die Null darf sich zeigen und ausbreiten. Der Clownraum ist eine unmittelbare Spielwelt, in dem Sie einfach das machen, was Ihnen einfällt. Und wenn Ihnen nichts einfällt, dann ist das Ihr Impuls. Als Clown, dem nichts einfällt, kann ich den Mangel an Einfällen immer größer machen, als ob es das Beste wäre, was mir geschehen könnte. Und wenn ich genug davon habe, kann ich das Spiel lassen und dem nächsten Impuls folgen. Wenn ich überhaupt genug davon habe, kann ich aufhören und die Nase »ausatmen«.

Die Nase ist ein Mittel, sich mit der »Null-Welt« zu verbinden und sie in der »B-Welt« auszuprobieren, erst in Ihrer eigenen, dann vielleicht in der Welt »da draußen«. Diese Übung ist für mich eine Grundübung, nicht nur zum Clownspiel, sondern eine Grundübung zur Schärfung der Wahrnehmung, des spielerischen Umgangs mit den eigenen Impulsen und zur Fähigkeit, Reaktionen des Alltags nicht so ernst zu nehmen.

Die rote Clownnase kann fast ein »Wundermittel« sein. Die Aufgabe, sie in der Öffentlichkeit zu tragen, kann eine fruchtbare Krise auslösen. Eine Kursteilnehmerin hatte so viel Angst um ihren Ruf als Lehrerin, dass sie die Nase erst nachts am Waldrand (heimlich und für kurze Zeit) aufsetzen konnte. Nach dieser Heldinnentat fand sie allerdings zum ersten Mal den Mut, ihren Rektor um verlängerten Urlaub zu bitten, damit sie eine lang ersehnte Reise zum Ort ihrer Kindheit am anderen Ende der Welt unternehmen konnte. Er stimmte tatsächlich zu! Das hätte sie vorher für unmöglich gehalten.

In einem anderen Fall berichtete mir eine sehr seriöse und gewissenhafte Ärztin, sie gehe jetzt in die Praxis mit der Einstellung: Was spielen wir heute! Seitdem behandelt sie die Patienten mit einer Leichtigkeit, die offensichtlich dazu führt, dass diese weniger Medikamente brauchen und viel zufriedener die Praxis verlassen. Wenn sie sich besonders über einen Patienten aufregt, erinnert sie die Arzthelferin mit einer Handbewegung an die rote Nase und sie kann sich innerlich lösen von der Welt B. Ihre Praxis hat sie so eingerichtet, dass es eine Wohltat ist, sie zu konsultieren. Sie darf auch als Ärztin ihre Lebensfreude zeigen, und das ist Teil ihrer Heilkunst.

Die Nase dient als Schalter zwischen den zwei Welten des schon bestimmten Alltags und unserer Möglichkeiten und Potenziale und als Erinnerung daran, dass die Null in uns überhaupt vorhanden ist. Egal, wo sich Ihre rote Nase befindet – in der Tasche, in der Handtasche oder einfach auf dem Schreibtisch: Schon der Gedanke an sie hilft uns, sich aus so mancher Verstrickung des Alltags zu lösen. Sie können sich vorstellen, selbst eine rote Nase aufzuhaben oder dass der andere eine aufhat. Manchmal braucht es nur eine kleine Pause, ein Innehalten, um sich von den Reaktionen, Urteilen oder Gedanken zu befreien, in denen wir oft in unserem Ernst feststecken.

Man könnte auch eine bunte Unterhose anziehen oder bunte Oberbekleidung. Viele meiner Teilnehmer sind in ihrem täglichen Leben inzwischen viel bunter gekleidet als früher, und das scheint niemanden zu stören, sondern eher anzuregen und zu freuen. Das sind kleine »Unterbrecher des Gewöhnlichen« für einen selbst. Je sichtbarer Sie sind, umso mehr Kontakt und Begegnung werden Sie haben. Und wir brauchen Kontakt wie die Luft zum Atmen. Es ist nicht allein die Nase. Es ist wichtig, herauszubekommen, was Sie brauchen, um die Unterscheidung zwischen Welt A und Welt B machen zu können.

Ein abschließendes Beispiel:

Wir sind während des Hauptberufsverkehrs am Bahnhof. Massen strömen aus der U-Bahn die Treppen hoch, um den Zug zu erreichen. Ein alltägliches Ereignis. So gewohnheitsmäßig, dass alles seinen Rhythmus hat. Menschen bewegen sich, ohne genau hinzuschauen, wie Automaten. Sie schauen die anderen nicht an oder sind so ins Gespräch vertieft, dass sie nicht merken, ob andere da sind oder nicht. Eines Tages stellt sich eine Schülerin von mir vor die Treppe als Clown mit einer roten Nase und tut nichts anderes, als dazustehen und die Menschen zu bestaunen. Zunächst machen die Massen einen Bogen um sie, ohne sie weiter wahrzunehmen. Doch mit der Zeit fangen die Menschen an, sie anzuschauen, ihr zuzulächeln – oder sie fühlen sich plötzlich gestört. Reisende winken ihr zu aus einem Zug und laden sie ein, zu ihnen zu kommen. Sie geht hin. Ihre bloße Anwesenheit schafft Verbindung und Heiterkeit. Heute ist es irgendwie anders, irgendwie schöner dadurch, dass ein Clown die geschäftige Menge still bestaunt. Die Stille bestaunt die Geschäftigkeit und vieles verändert sich.

Die Null erkennen und stärken

Humor als Prozess seelischer Gesundheit

Authentisches Lachen ist ein Zeichen seelischer Gesundheit, ein Zeichen dafür, dass jemand sich wohlfühlt, so zu sein, wie er gerade ist. Wir fahren in Urlaub dorthin, wo die Sonne scheint oder wo wir uns besonders gern aufhalten. Wir müssen aber nicht wegfahren, um das zu erleben. Wir brauchen ein grundsätzliches Wohlwollen, um die Seele zu pflegen, um uns den Raum und die Zeit zu gönnen, die wir immer wieder nötig haben, um uns an die Null zu erinnern.

Aristoteles schreibt dazu in seiner *Nikomachischen Ethik*: »Wir sind das, was wir wiederholt tun. Vortrefflich sein ist also nicht die Folge einer einzigen Handlung, sondern die Folge einer Angewohnheit.«

Das grundsätzliche Wohlwollen ist eine Qualität, die wir von Anfang an brauchen, um als Mensch zu gedeihen und sich zur erwachsenen Person zu entwickeln. In meinen Seminaren ist es relativ einfach, eine Atmosphäre des Wohlwollens zu schaffen, und diese Tatsache wird immer wieder als wohltuend erlebt. In diesen Seminaren treffen sich Menschen, die sich darüber einigermaßen einig sind, was sie sich wünschen und was nicht. Sie wollen ihren Alltag ändern, weil zu wenig Null darin vorkommt. Das merken sie daran, dass sie sich nicht trauen, ihre Wünsche anzuerkennen, oder dass sie keinen Platz für ihre Ausgelassenheit finden. Ich ermutige sie, Dinge zu tun, die direkte Begegnung fördern, und sie sind immer wieder überrascht, dass ihre Hemmungen oder Vorbehalte dann immer weniger eine Rolle spielen. Je mehr sie sich zeigen, umso mehr wagen sie, umso mehr freuen sie sich. Und selbst wenn sie die Seiten anschauen, die sie gerne abtun oder ignorieren würden – wie einen Schatten, den man erfolglos zu vergessen versucht –, merken sie: Sie freuen sich immer mehr.

Sich daran zu gewöhnen, dass die Wirklichkeit auch *so* sein kann, und dafür Raum zu schaffen, ist nicht immer einfach. Zum einen bedeutet das, sich die Zeit zu nehmen, um das zu tun, was die Null »braucht«. Zum anderen heißt das, einen Ort zu finden, um den wohltuenden Umgang mit sich zu praktizieren, der zur Angewohnheit werden soll. Es braucht aber gar nicht so viel Zeit und nicht so viel Raum, denn die Null entsteht und lebt im Moment und überall. Deshalb können wir die Elemente der Null im Alltag immer wieder und überall erleben: Spielraum, Genuss, Erlaubnis, Kreativität, Ausdruck, Wertschätzung, Neugierde und Risiko, unsere Wünsche und Lebensvision, Spiel, Clown, Narr, Komik, wohlwollender Umgang mit Schwächen und Fehlern und das Schalten zwischen beiden »Welten« mithilfe der roten Nase oder anderer Hilfsmittel. Wir brauchen uns nur daran zu erinnern und eines dieser Elemente für einen Moment in vollen Zügen genießen.

Wir können uns einen »kreativen Kreislauf« schaffen, der den lebendigen Moment mehr betont als die vielen einschränkenden Annahmen unseres Denkfilters, die wir sonst über uns und die Welt pflegen, bei denen »der Spaß aufhört«. Wir können uns daran gewöhnen, unsere Impulse, unsere Bedürfnisse und unsere Gefühle zunächst wahrzunehmen, bevor wir sie in eine Schublade mit der Überschrift »Geht nicht!« oder »Darf nicht!« stecken. Wir können sie auf verschiedenste Weise ausdrücken.

Wir können anfangen wahrzunehmen, wie wir und andere sprechen oder gehen, ohne uns darüber eine Meinung zu bilden. Und wenn wir doch eine Meinung darüber haben, können wir diese Meinung zunächst einmal stehen lassen, ohne gleich handeln zu müssen. Wir können kurze Pausen einlegen, wenn wir merken, wie schnell wir sonst sind oder sonst urteilen. Wir können uns selbst einen Tritt geben, wenn wir meinen: »Morgen geht's auch noch«, aber in Wirklichkeit wissen wir, wir schieben die Sache nur auf. Wir können unsere viele »Masken« kennenlernen, unsere verschiedenen Gesichter. Wir können unsere Vorbehalte spüren, unsere Ängste und dennoch handeln. Wir können sogar lernen, mit ihnen spielerisch umzugehen. Wir können zugeben, dass wir Fehler machen. Wir können genießen und unsere Wünsche und Visionen ernst nehmen. Wir können den Kontakt suchen und jede Begegnung wertschätzen, ohne vorher zu bestimmen, was daraus werden soll. Wir können dem Augenblick folgen, ohne vorher bestimmen zu müssen, was als Nächstes geschehen soll. Wir können uns Hilfsmittel holen, um immer wieder eine andere Sicht der Dinge zu bekommen: zum Beispiel eine rote Nase. Wir können uns eine Ruhepause gönnen, wenn wir sie brauchen, und einfach weitermachen, wenn uns danach ist. Wir können das, was geschieht, als unsere Entscheidung ansehen und nur das im Augenblick tun, was wir gerade tun.

Wenn wir Raum und Zeit für einen solchen Umgang finden, werden wir mit Sicherheit das Selbstwertgefühl und unsere Lebensfreude stärken.

Lebensfreude und Lebenslust üben

Lachen als natürlicher Ausdruck

Lachen ist ein natürlicher Ausdruck von Lebensfreude und Wohlsein, bei dem wir uns spüren, uns ausdrücken und uns frei fühlen. Jeder Mensch kommt mit Energie, Begeisterung und Neugierde auf die Welt. Niemand lacht, weil es gesund ist. Wir lachen, weil wir leben.

Wenn ich das Lachen oder das Lächeln »übe«, erinnere ich mich an die Null, manchmal wie an eine Quelle, die zugeschüttet ist und erst wieder freigelegt werden muss. Es ist mir klar, dass viele das Üben von einem spontanen Ausdruck wie das Lachen wohl merkwürdig bis überflüssig finden. Ich empfinde solche Übungen manchmal auch als sehr künstlich. Wenn ich darüber lache, dass die Übung »blöd« und »künstlich« ist, kommt oft ein echtes Lachen. Ich benutze eine einzige Lachübung. Ich lache einfach. Je mehr ich mich wirklich freue, umso mehr entspanne ich mich. Von daher kommen ein Schütteln und ein Strecken von ganz allein, und nach und nach lasse ich vielleicht sogar zu, dass der ganze Körper lacht. Wenn die Übung alltäglich wird, nimmt die Null mehr Raum in meinem Leben ein. Das Lachen kann durch Witze noch verstärkt oder angeregt werden, aber die Null braucht eigentlich keinen Anlass, weil alles ein Einlassen sein kann. Die Null ist die Energie, die sie selbst spendet.

Gefühle, Sinne und Stimmung wahrnehmen und erleben

Die gerade beschriebene Übung kann auch zeigen, wie sehr ich meine Gefühle kontrolliere und wo die Grenzen meiner Ausdrucksfähigkeit liegen. Die Kontrolle meiner Gefühle heißt auch, den Atem zu kontrollieren. Atem ist Ausdruck meiner Lebendigkeit. Wenn ich meine Gefühle kontrolliere, reduziere ich mein Lebensgefühl, meine Lebensenergie.

Das könnte mich traurig stimmen oder auch wütend machen. Der Umgang mit unseren Gefühlen ist ein wesentlicher Bestandteil unserer Stimmung. Es ist in Ordnung und ganz natürlich, zu fühlen, auch wenn der Verstand meint, es sei nicht gut, sich von Gefühlen leiten zu lassen. Bei Kindern – also auch früher bei uns – sind Gefühle »im Fluss«. Und das hieß damals für uns: Wir drückten sofort aus, was uns freute und was uns ärgerte.

Die Fähigkeit zu fühlen, ohne die Gefühle zu zensieren, ist eine »Null-Fähigkeit«. Als Null stehen uns alle Gefühle zur Verfügung. Wir wählen sie nicht aus, sondern lassen zu, *dass* wir sie fühlen. Denn sie zeigen uns, was wir wirklich brauchen und was nicht. Sie sind unmittelbar. Unser erwachsener Verstand sagt uns, dass wir nicht die ganze Zeit wie ein Baby herumschreien, kichern und glucksen sollten. Als Erwachsene können wir auch anders mit dem Ausdruck unserer Gefühle umgehen. Wir können durchaus wählen, welche Gefühle wir in der Öffentlichkeit zulassen. Manchmal ist es wichtig, dass andere unsere Gefühle mitbekommen, wenn sie uns sagen: »Jetzt reicht's mir! Schluss jetzt!« Unsere wahren Gefühle mitzubekommen, sehe ich aber als eine Grundvoraussetzung dafür, authentisch zu sein. Authentisch sein heißt, eine Null zu sein.

Gefühle vergehen auch wieder, wenn wir sie zulassen und vollständig ausdrücken. Wenn sie eine Not oder ein Bedürfnis ausdrücken, hören sie auf, wenn die Not behoben wird. Manchmal fühle ich mich ängstlich, weil ich mir vorstelle, ich werde mich bei einer Präsentation blamieren, und durch irgendeine Ablenkung – ich rieche etwas oder bemerke etwas anderes – entsteht ein anderes Gefühl. Oft sind Gefühle das Ergebnis unseres Denkens. Zum Beispiel, wenn ich den Blick von jemand bemerke und ich denke, er mag mich nicht oder mag mich doch oder er sieht mich überhaupt nicht. Gefühle entstehen auch durch die Art, wie ich eine Situation für mich einschätze. Dann ist es gut, das Gefühl zu überprüfen und zu sehen, ob es wirklich so ist oder – wie ein Narr – darauf zu reagieren: »Na und?«

Schwierig wird es für die eigene Stimmung, wenn wir unsere Gefühle nicht mehr wahrnehmen oder sie gering schätzen, wenn wir nicht auf sie hören, weil wir zum Beispiel meinen, dass sie weder zu uns noch zur Situation passen, oder weil wir Angst haben vor dem, was passieren könnte, wenn wir dieses Gefühl zulassen. Dann können sich Stimmungen »verewigen«: Es können sich Grundstimmungen entwickeln, die sich nicht mehr erklären lassen. Wenn wir nicht wütend sein dürfen, können wir auch nicht richtig lachen oder uns freuen. Wenn wir nicht weinen dürften und nur lachen müssten, würden wir uns auch nicht freuen. Was wäre das für ein Lachen?

Machen Sie die Tür auf und gehen Sie in einen Raum: Die Stimmung der Menschen wird eine Reaktion in Ihnen auslösen, je nachdem, welche Vorlieben und Abneigungen Sie haben. Menschen reagieren nun einmal auf Stimmungen. Stimmungen setzen sich aus vielen Elementen zusammen:

- aus der Anzahl der Menschen,
- der Art der Bewegung (zum Beispiel, ob geschäftig oder bedacht),
- der Art der Gedanken und Gefühle im Raum (zum Beispiel, ob kritisch oder wohlwollend),
- den Beziehungen der Menschen zueinander (wie nah, wie fern und ob sie sich berühren),
- der Art, wie sehr sich die Menschen wertschätzen,
- dem Umstand, was gerade geschieht oder ob etwas (Angenehmes oder Unangenehmes) gerade geschehen ist.

Das Arbeitsklima wie das Klima in einer Familie ist entscheidend für die Art und Weise, wie wir uns fühlen, wie wir darin leben und arbeiten. Wir brauchen einen Raum, in dem wir uns wohlfühlen, sonst vergeht uns das Lachen. Unsere Umgebung mit Pflanzen, Farben, Gerüchen und Tönen zu gestalten, die uns ansprechen, kann unsere Stimmung und Lust heben. Und genauso kann sowohl das Arbeits- als auch Familienklima sowie die Beschaffenheit unserer Umgebung unsere Stimmung drücken.

Die Welt mit allen Sinnen wahrnehmen: Immer wieder und überall haben wir dazu Zeit und Platz. Schmecken anstatt herunterschlingen ist nicht allein eine Frage der Etikette, sondern eine Frage der Beziehung zu sich und zur Welt. Wenn sich der Geschmack durch Üben verfeinert, merken wir, was und wie wir essen. Auf die Geräusche in der Natur oder auch einer Stadt beim Aufwachen zu hören, übt diese Beziehung genauso ein. Plötzlich fällt uns auf, wie viel Rhythmen es überall gibt. Wir werden empfindsamer für das Gehör und merken auch, was schädlich ist. Dasselbe gilt für das Riechen und die Tastsinne. Wir können üben, die Welt zu sehen, ohne gleich das Gesehene zu kategorisieren. Das kann zu einem ganz anderen Empfinden führen, in der Welt zu sein. Besonders das Sehen ist mit unserem kognitiven Denken, mit dem Verstand verbunden und bestimmt im großen Maße, wie wir die Welt sehen und was wir sehen. Wenn wir nur mit dem Verstand sehen, leben wir in einer Welt, die wir nicht anfassen, schmecken, riechen, hören und wahrnehmen. Wir halten uns dann abseits, tauchen nicht ins Leben ein.

Für viele Menschen ist es daher zunächst eine große Hilfe, die Augen zu schließen, um sich zu spüren. Erst dann können sie anfangen, sich wahrzunehmen. Ich bin immer wieder überrascht, wenn ich merke, wie wenig das Körpergefühl, der Gleichgewichts- und Orientierungssinn bei vielen Menschen ausgeprägt ist: zum Teil, weil man nicht aufeinander achtet, zum Teil, weil wir es nicht mehr gewohnt sind, auf unseren Körper zu hören, und daher die Signale des Körpers nicht mehr bemerken. Ich meine, eine generelle Unachtsamkeit zu spüren, die sich immer mehr ausbreitet, je weniger wir aufeinander achten.

Mir hilft es, in die Natur zu gehen, die Luft und die Landschaft in mich aufzunehmen, barfuß die Erde und meinen Körper wahrzunehmen, allerlei Gerüche auszumachen, im ruhigen, klaren Wasser eines Sees zu schwimmen oder im Meer die auf mich zurollenden Wellen über mir zusammenbrechen zu lassen oder in sie hineinzutauchen und mich umwirbeln zu lassen. Ich sitze gerne am Feuer und genieße die Farben, die Hitze und die besondere Stimmung. Solche Erfahrungen sind ein ganz natürlicher Weg, den Körper und die Sinne zu beleben und anzuregen.

Musik und Geräusche, Malen und Farben, Handwerk und Materialien, Tonen und Formen, Klettern, Gehen, Tanzen, Wandern, Kochen, Essen, Trinken ... was gibt es nicht alles? Je aufmerksamer wir mit allen Sinnen werden, umso mehr Genuss laden wir in unser eigenes Leben ein. Die Natur bietet uns auch einen Gegenpol zu der Welt, in der viele von uns sonst arbeiten und unseren Lebensraum haben. Die Tiere in der Natur, der Flug der Vögel, unsere Haustiere und auch die Tiere, die wir in Zoos besuchen können, regen unsere Sinne und unsere Herzen auf besondere Weise an und erinnern uns an uns selbst. Aber auch das, was »Menschenhand« geschaffen hat, kann begeistern und die Sinne anregen: Bahnhöfe, Stadien, Theater, Konzertsäle, Cafés, Straßen, Autos, Gleise, Technik – und nicht zuletzt die Massen von Menschen, die unsere Welt beleben.

Ich glaube, dass unsere Intuition eine Art höhere Sinneswahrnehmung ist. Sie wird umso größer, je mehr wir imstande sind, wahrzunehmen. Man kann natürlich darüber streiten, ob der Un-Sinn auch ein Sinn ist oder einen Sinn hat. Um diesen Sinn geht es jedenfalls in diesem Buch.

Sich auf Begegnung einlassen

In jeder Begegnung steckt eine Überraschung. Wenn wir offen bleiben, kann ein Blick uns einander sehr nahebringen, wenn wir das wollen. Bevor der Filter unserer Prägung einsetzt, können wir uns vielleicht viel näherkommen, als wir das jemals vermutet haben. Die Augen sind das Fenster zur Seele. Im ersten Augenblick kann es uns egal sein, wer der andere ist. Als Menschen sind wir uns zunächst einmal nahe. Sobald wir aufeinander aufmerksam werden, begegnen sich unsere Blicke. Vielleicht sind wir manchmal erschrocken, wie schnell wir einem Fremden mittels eines Blickes nahekommen können. Vielleicht lächeln wir, ohne es uns zu überlegen. Und unser Gegenüber lächelt zurück. Was machen wir dann? Soweit wir keine weitere Begegnung wollen, schauen wir weg. Schnell nach dem ersten Kontakt schalten sich unsere Denk- und Fühlmuster ein und entscheiden, ob wir es dabei belassen oder noch weiter gehen wollen. In engen Räumen wie in Fahrstühlen und öffentlichen Verkehrsmitteln sind wir uns räumlich sehr nahe, aber wir wollen nicht unbedingt eine Begegnung. In Bahnen und Bussen vertiefen sich die Menschen stattdessen in Zeitungen und Bücher, egal wie eng sie zusammengedrückt sitzen und stehen.

Wir können auch auf uns bekannte und sehr nahe stehende Menschen unsere eigenen Gedanken, Gefühle und Erfahrungen projizieren. Das heißt: Wir schauen das Gegenüber ausschließlich durch unsere eigene Brille an. Wenn er oder sie uns begehrenswert erscheint und wir sehr bedürftig und unsicher sind, kann es sein, dass wir dem anderen sehnsüchtig nachschauen und in ihm den Mann oder die Frau unserer Träume sehen. Was wir im anderen sehen, kann die Projektion unserer Wünsche sein und würde eventuell platzen, wenn wir ihn ansprechen würden. Also tun wir es lieber nicht. Wenn wir ängstlich sind, können wir schnell den anderen als Ursache dieser Ängstlichkeit betrachten.

Wenn wir uns als »überlegt« oder »supercool« empfinden, können wir schnell den anderen für »aufgeregt« und »unüberlegt« halten. Eine Schublade steht immer bereit. Sicher ist aber: Dem anderen schauen wir in dem Moment nicht in die Augen.

Wer wirklich dem anderen in die Augen schauen will, kann die Angst verlieren, sich zu zeigen, und die Begegnung mit einem anderen Menschen ohne »Hintergedanken« genießen. Dies muss nicht bedeuten, jede Vorsicht aufzugeben. Wir können aber dem Blick folgen und uns ins unbekannte Gelände wagen! Das muss nicht der Anfang einer Liebesgeschichte oder einer Freundschaft sein. Das könnte natürlich eine solche Beziehung vertiefen. Ansonsten üben wir mit solchen Blickkontakten »einfach« das allgemeine Gefühl der Nähe, zur Gattung Mensch dazuzugehören, wenn wir die Filter fallen lassen, und eröffnen uns den Weg zu neuen Möglichkeiten.

Vor kurzem habe ich wieder mit Suchtpatienten in einer Klinik gearbeitet. Die Patienten kennen es gut, sich zurückzuhalten und sich keine Blöße zu geben. Sie sind sehr cool, ganz im Gegensatz zu ihrer Geschichte mit dem Trinken oder zu ihrem tatsächlichen körperlichen Zustand. Manche verhalten sich deshalb passiv, weil sie sich nicht trauen, sich zu zeigen. Wer sich dennoch für eine Übung oder Erfahrung interessiert und sich darauf einlässt, meldet später oft zurück, dass das Zeitempfinden keine Rolle gespielt hätte. Ein Patient, der das Ganze lächerlich fand und als »Kinderkram« abtat, empfand die Zeit als lang und ermüdend. Als ich herausfand, dass er früher im Marketing in hoher Position arbeitete, verwickelte ich ihn in ein »Nonsensgespräch« über die Vermarktung von Patentlösungen. Das interessierte ihn. Es machte ihm dann Spaß, mir in einem »Zweikampf« zu begegnen. Gerade im Spiel ließ er eine Begegnung zu.

Wenn man sich nicht einlässt, fühlt man sich draußen, ganz egal, ob sich das auf Menschen bezieht oder generell aufs Leben. Wer sich »draußen« fühlt, wird sich nie einlassen, sondern sich langweilen und keinen Bezug haben. Die Langeweile stellen viele als etwas dar, das es einfach »gibt«. »Man langweilt sich« oder etwas »ist langweilig«. Wenn ich aber aufmerksam bin, stellt sich der Bezug wieder her, unabhängig davon, ob ich aufmerksam auf das bin, was sich bei mir innen abspielt oder auf das, was im Äußeren stattfindet. Wer interessiert ist, fühlt sich belebt, und die Zeit verfliegt.

Wertschätzung

Gesehen und wertgeschätzt zu werden, unabhängig von meinem Verhalten und meinen »Fehlern« und Verfehlungen – ob vermeintlichen oder tatsächlichen –, berührt uns zutiefst. Dieses Bedürfnis ist für uns genauso essenziell wie Essen und Trinken. Babys, die in den ersten Lebensmonaten nicht liebevoll gehalten und angeschaut werden, verweigern die Nahrung. Und selbst die, die etwas bekommen haben, aber zu wenig, entwickeln sich langsamer, zeigen wenig Lust und behalten einen bedürftigen Ausdruck. Liebe ist das wichtigste menschliche Bedürfnis, um richtig auf die Welt zu kommen. Und wenn die notwendigsten Bedürfnisse des Essens und Trinkens gestillt sind, zeigt sie sich immer wieder erneut.

In einer wertschätzenden Atmosphäre entsteht ein Raum der Erlaubnis, und Menschen zeigen und erzählen mehr von sich, als sie es sonst vielleicht tun würden. Wertschätzung schafft Vertrauen. In meinen Seminaren tanzen und singen Menschen, die sich sonst nicht so zeigen würden, wenn sie das Gefühl nicht hätten, an diesem Ort, mit diesen Menschen so sein zu dürfen. Da sie sich sicher fühlen, zeigen sie Seiten, die sie sonst nicht zum Ausdruck bringen oder auch nicht für möglich gehalten hätten. Sie spielen wie Kinder, wählen spontan Rollen und kümmern sich nicht darum, was andere darüber denken. Und wenn sie doch daran denken sollten, sprechen sie es aus. Sie fühlen sich gerade deswegen als Teil der Gruppe. Bald entsteht eine gelöste Atmosphäre, die manche überrascht. Und manchmal löst es sogar Bedenken aus, wie schnell sie sich wohlfühlen. Am Ende eines Seminars lasse ich die Teilnehmer Aspekte voneinander zeigen, die sie während des Seminars vom anderen mitbekommen haben. Das sind Momentaufnahmen von einem Auftritt auf der Bühne, spontane Äußerungen oder Haltungen, die sie während des Kurses beobachtet haben. Dieses gegenseitige Zeigen ist eine Art, sich Danke schön zu sagen. Es geht dabei gar nicht darum, das Gezeigte zu kommentieren, und es ist auch nicht als Kritik gemeint. Es sollen auch nicht nur »schöne Momente« ausgesucht werden. Es geht darum, Momente widerzuspiegeln, in denen sie den anderen als echt empfunden haben. Oft muss der Empfänger oder die Empfängerin einer solchen Spiegelung lachen, einmal darüber, dass sie so viel Eindruck gemacht haben, einmal, weil sie sich gesehen gefühlt haben.

Wertschätzung in Form von Erlaubnis gibt das Vertrauen, auch Seiten von uns anzunehmen, die wir sonst verstecken oder ablehnen würden, zum Beispiel Angst. Wer zugibt, Angst zu haben, hat nicht etwa »verloren«, sondern eher »gewonnen«. Wenn wir uns erlauben, so zu sein, wie wir sind, authentisch zu sein, dann ist die Chance viel größer, dass wir tatsächlich gesehen werden, wie wir wirklich sind. Wir müssen nichts Besonderes tun und nichts Besonderes sein. Dann müssen wir nicht um Lösungsstrategien kämpfen und keinen Kampf gegen Symptome und Ursachen führen. Es ist ein Paradox, dass oft das, was wir bekämpfen, durch das Bekämpfen noch stärker wird. Wertschätzung heißt, keinen Gegner zu haben, sondern nur Freunde.

Ich nenne diese Haltung »Umarmen«. Wir können uns selbst umarmen, so wie wir sind. Wir können auch andere umarmen.

Wenn wir es schaffen, Seiten des Lebens oder menschliche Eigenschaften oder Hindernisse im Leben zu umarmen, nehmen wir uns den Druck, sie »ausbessern« zu müssen. Wir akzeptieren uns mit diesen »Schwächen«. Wenn ich diese Haltung auf mich als Person anwende, umarme ich mich selbst. Wenn ich mich grundsätzlich akzeptiere, wie ich bin, kann ich viel besser ertragen, dass es manches gibt, was ich ändern könnte. Wenn ich mich »umarme«, selbst wenn ich Fehler mache oder »nicht ganz richtig bin«, habe ich die Energie, die Schwierigkeiten in meinem Leben mit mir oder mit anderen zu meistern. Wenn ich andere Menschen oder die »Welt« »umarme«, selbst wenn sie Fehler machen und nicht perfekt sind, kann ich gut mit ihnen und allem leben, auch wenn ich meine, es könnte vieles anders sein. Humor heißt »umarmen«.

Ich nutze die Umarmung als heilsames Mittel und finde es selbst immer wieder erstaunlich, wie sich jemand löst (aus der Welt der Prägung) wenn er bereit ist, etwas an sich zu akzeptieren, was er bis dahin immer abgelehnt hatte. Im Grunde ist bei mir die Kernübung des Clowns, sich als »Material« anzusehen und dieses Material insgesamt anzunehmen, indem man es spielt. Immer wieder in Seminaren überlasse ich den Teilnehmern den Raum, Stück für Stück die Seiten, die sie an sich selbst nicht mögen, zu spielen oder zu inszenieren.

Ein Beispiel:

Zwei Teilnehmer, eine Frau und ein Mann, waren besonders gegensätzlich in ihrem Umgang mit Gefühlen, was für sie beide schmerzhaft war. Die Frau kam aus einer Familie, die seit Generationen auf der Flucht gewesen war. Sie konnte sich nur an weinende Frauen erinnern, und sie selbst steckte in einer Art hilfloser Melancholie. Sie erlebte sich als schwache Frau. Der Mann dagegen wollte unbedingt ein netter Mensch sein, hatte aber eine sehr starre Haltung und Härte im Gesicht. Es war die Haltung seines Vaters, der durch seine Nazi-Erziehung geprägt war und diese Erziehung seinem Sohn hatte angedeihen lassen. Er hatte ihn tyrannisiert und ihn fühlen lassen, niemals ein »Mann« (wie sein Vater) werden zu können. Der Sohn hatte dagegen rebelliert und unternahm den Versuch, ein ganz anderer Mann zu werden, nur hatte er die Strenge des Vaters doch angenommen und gegen sich selbst in Form von Selbsthass gewandt.

Der Mann und die Frau spielten als Clowns ein Ehepaar beim Umzug. Es ging darum, gerade die abgelehnten Seiten als Clown zu spielen, das heißt die Kraft der Eigenschaft im Übermaß zu zeigen, ja sie sogar zu übersteigern. Der Mann sollte also tyrannisch sein und alles bestimmen. Er will umziehen, und es hat so zu geschehen, wie er das will, genau so und nicht anders! Die arme Frau war weinerlich und wollte alles tränenreich und aufopfernd für den Mann tun. Selbstverständlich müsste sie den Umzug allein machen. Das wäre noch schöner, wenn er auch noch konkret mithelfen würde! Der Mann war nur dazu da, ihr die Befehle zu erteilen und sich darin auszutoben.

Wie Sie sich vielleicht denken können, versuchten sie zunächst beide, ihre Rollen mit Lust zu spielen, fanden aber keinen wirklichen Spaß daran. Ich wollte sie als Regisseur unterstützen, aber die beiden hielten sich noch sehr zurück und es entstand wenig Spannung auf der Bühne. Es war mir klar, dass weder die Frau wie ihre Mutter noch der Mann wie sein Vater sein wollte. Die Stimmung war eher dramatisch, das heißt gespannt und etwas bemüht. Die Wende kam erst, als die Bühne völlig geräumt war. Nur ein Klavier, das sonst auch auf der Bühne war, aber eigentlich nicht zur Szene gehörte, stand noch da und es war unklar, was die »Ehefrau« noch für ihren gebieterischen »Mann« tun konnte.

Nach einer Regieanweisung von mir, das Klavier würde auch zum Umzug gehören, begriff die Frau plötzlich, was zu tun war. Eine Frau, die alles für ihren Mann tut, selbst wenn es das Leben kostet, schafft das Klavier allein von der Bühne. Je mehr sie sich abmühte und sich beklagte, desto mehr Gefallen bekam der Mann daran, immer diktatorischer zu werden. Beide konnten ihre Rollen mit Lust genießen, indem sie sich gegenseitig aufschaukelten. Sie konnten die Szene als Spiel nehmen und die entsprechenden Emotionen mit einbringen. Nun wirkte die Szene ganz anders, und es gab Lachsalven und großen Applaus. Und beide waren am Ende nicht nur sehr erleichtert, ihre Rollen einmal so deutlich gespielt zu haben, sondern auch etwas stolz auf sich, einen solchen Schritt riskiert und bewältigt zu haben. Sie hatten sich beide getraut, eine ungeliebte Rolle zu umarmen.

Ähnlich verfahre ich in Seminaren mit Haltungen wie: »Ich bin hässlich«, »Ich kann nicht tanzen«, »Keiner liebt mich«, »Mir schwinden die Kräfte«, »Ich weiß es nicht, sollte aber« oder »Ich bin nicht witzig«. Je mehr die »Hässliche« diese Einstellung übertrieb, umso kleiner machte sie sich, bis sie schließlich sagte: »Ich bin so hässlich. Ich bin gar nichts. Du kannst mir alles sagen.« Darüber musste diese Frau lachen und war aber auch betroffen, weil sie immer Verständnis für andere hatte. Ihre Lieblingsgeschichte war natürlich »Das hässliche Entlein«. Ein Mann, der von sich dachte: »Ich kann nicht tanzen«, war so steif, dass er eine neue Tanzschule gründete: »Steiftanzen«. Aus »Keiner liebt mich« wurde eine Berserkerin, die aus allem »Hackfleisch« machte. »Mir schwinden die Kräfte« wurde so schwach, dass er sich kaum auf den Beinen halten konnte. Zusammen mit der »Hässlichen« entstand ein Wettbewerb, wer am meisten leiden würde. »Ich weiß es nicht, sollte aber« überlegte immer wieder, bis sie einen verknoteten Kabelsalat unter den Requisiten fand, in den sie sich verliebte. Aus ihr wurde ein unlösbares Problem. »Ich bin nicht witzig« drohte mit Strafe, falls man sie witzig fände.

Das sind fraglos zunächst alles keine praktischen Lösungen fürs Leben, aber dies ist sicher ein humorvoller Zugang zu Haltungen, die einem sonst den Humor rauben!

Gönnen Sie sich die Narrenfreiheit und probieren Sie aus, sich anzuerkennen für das, was Sie alles geleistet haben, aber auch für die Kämpfe, die Sie ausgetragen haben, und das Leid, das Sie ertragen mussten, und die Mühe, die Sie sich gegeben haben. Sie können Ihr Leben zunächst als episches Drama anschauen und Sie sind der Held, die Heldin. Dann lassen Sie die Leistungen weg und schauen nur darauf, was Sie an sich selbst schätzen, warum es sich lohnt, Sie zu kennen. Und wenn es etwas gibt, was Sie nicht an sich schätzen, überlegen Sie, wozu es für Sie notwendig war, so zu werden, wie Sie sind. Inwiefern hat Ihnen diese Eigenschaft genutzt, auch wenn sie aus einer anderen Sicht nicht wünschenswert sein mag? Dann schauen Sie die Menschen um sich an und beobachten Sie, was Sie an ihnen wertschätzen. Und auch das, was Sie nicht mögen. Wie hilft Ihnen die Irritation, die diese Eigenart in Ihnen verursacht? Wenn Sie anfangen, selbst Ihre eigene Aufregung über solche Eigenschaften wertzuschätzen, sind Sie dabei, sich zum umarmen. So können Sie humorvoll und heilsam mit sich umgehen.

Das Wagnis des Ausdrucks

Wir sind unser Körper

Wenn wir mehr aus uns heraus eine humorvolle Lebenshaltung entwickeln wollen, geht es nicht darum, das »Theater« des anderen zu erkennen, sondern unser eigenes. Es geht nicht darum, über die Begrenzungen der anderen zu lachen, sondern unsere eigenen Begrenzungen zu erkennen, zu akzeptieren und sogar zum Ausgangspunkt für eine Neubewertung unseres Handelns zu machen. Wenn wir mehr Spiel im

Alltag und mehr Freiraum schaffen und unsere Komik genießen wollen, kommen wir nicht darum herum, uns als körperlich anzuerkennen.

Der Körper ist eine Quelle der Freude und ein Speicher unserer Erfahrungen. Das Lachen ist auch ein körperlicher Vorgang. Unser Gefühlsleben und unser Denken haben eine körperliche Basis. Unsere Gefühle drücken sich körperlich aus und unsere Lebenshaltung, unsere Einstellungen drücken sich durch unsere tatsächliche körperliche Grundhaltung aus. Haltungsschwierigkeiten haben durchaus auch mit unserem emotionalen Zustand und mit unserer Lebenseinstellung zu tun. Der Körper stellt gleichzeitig ein Medium dar, mit dem wir spielen können. Ich nenne das den »Null-Aspekt« des Körpers. Der Körper ist somit ein wesentlicher Teil unserer seelischen Gesundheit. Schränken wir seine Beweglichkeit oder seinen Ausdruck ein, hat dies eine Auswirkung auf unsere Stimmung. Deshalb spielen der Körper und der Körperausdruck in vielen Formen der Psychotherapie eine wichtige Rolle. Wir werden in unserem Körperausdruck wahrgenommen und wir sind manchmal überrascht darüber, was andere Menschen an uns wahrnehmen, welche Stimmungen und welche Haltungen sie sehen, als ob sie in uns lesen könnten. Manchmal fühlen wir uns dabei auch falsch gesehen.

Die Impulse unseres Körpers gehören zu uns. Sie als die eigenen zu erkennen und anzuerkennen, heißt auch, sich wertzuschätzen und anzunehmen. Unsere Impulse körperlich auszudrücken, heißt nicht, »zum Tier zu werden«. Natürlich gibt es Impulse, die nicht unbedingt gesellschaftsfähig sind. Je mehr Raum wir unseren Impulsen aber geben, umso mehr lernen wir uns kennen, umso mehr Vertrauen bekommen wir zu uns und umso bewusster und lebendiger können wir uns fühlen. Dies ist eine Voraussetzung dafür, uns zu »umarmen«.

Unser Körper ist das Wunderwerk, in dem wir leben, empfinden, wirken und Impulse jeder Art bearbeiten. Durch ihn handeln wir, treten wir in Erscheinung, und im Körper kommen unsere Gefühle zum Ausdruck und werden wahrgenommen. Sie lösen auch Reaktionen in anderen aus. Er ist in meinem Denken ein Ausdruck unserer »Null-Qualität« und ein Grundelement unseres Humors.

Wenn wir den Geist vom Körper trennen und den Geist höher als den Körper bewerten, ist dies aus meiner Sicht eine Einladung zur seelischen Krankheit und für den Menschen verwirrend. Er ist nun einmal körperlich konzipiert: Ist er deswegen aber schlecht? Viele, die sich von ihrem Denken allein leiten lassen, nach dem berühmten Satz von Descartes: »Cogito ergo sum« (Ich denke, also bin ich), nehmen den Körper als selbstverständlich hin. Wir leben aber nicht allein durch Verstand und Intellekt, sondern wir fühlen und bewegen uns auch.

Manche registrieren ihren Körper erst, wenn er nicht funktioniert. Auf der Suchtstation habe ich in meinen Körperwahrnehmungsstunden festgestellt, wie viel Mühe die Patienten mit ihrer Körperlichkeit hatten, zum einen, weil sie sich davor schämten, zum anderen, weil sie zu sich als Körper den Bezug verloren hatten und ihn auch zerstörten. Bei diesen Patienten konnte ich mit schlichten Übungen anfangen, einen solchen Kontakt herzustellen. Sie mussten sich vorstellen, dass sie einen Körperteil, zum Beispiel das Handgelenk, nicht bewegen konnten. Sie taten dies und merkten sofort, welche Auswirkungen das auf den ganzen Körper, aber eben auch auf ihr Fühlen und ihre Lebenshaltung hatte. Diese Erfahrung war für sie neu und erlaubte einen ersten Zugang zu sich als Körper.

Der Körper setzt auch Grenzen, die es zu würdigen gilt. Je mehr wir jedoch unsere körperlichen Impulse wahrnehmen sowie den Ausdruck unserer Gefühle und unser Denken kennenlernen, umso mehr trainieren wir unsere Aufmerksamkeit und auch unsere Aufrichtigkeit uns selbst gegenüber. Wir lernen uns wertschätzen und stellen eine Beziehung zu uns selbst her. Unsere Impulse kennenzulernen und sie auszudrücken, heißt authentisch zu sein. Je mehr wir in der Lage sind, unsere authentischen Gefühle zu zeigen, um so entspannter und natürlicher sind unsere Bewegungen, ist unsere Stimme und unser Ausdruck. Dies hat eine unmittelbare Wirkung auf unsere Beziehungen zu anderen Menschen und darauf, inwieweit mein äußeres Bild meiner inneren Realität entspricht.

Unsere äußere Erscheinung macht auf andere einen »Gesamteindruck«. Dieser Eindruck mag mit dem inneren und äußeren Bild übereinstimmen, das wir von uns selbst haben. Wir fühlen uns dann stimmig und das merkt man an unserer Ausstrahlung. Wenn aber das äußere Bild vom inneren Bild abweicht, kann dies zu großen Missverständnissen führen, denn unser Gegenüber reagiert zunächst einmal auf das äußere Bild, merkt aber oft, dass »etwas nicht stimmt«, ohne es genau benennen zu können.

Wenn wir »einen guten Eindruck« machen wollen, wir uns aber nicht so fühlen, wie wir es nach außen zeigen wollen, wird sich diese Spannung bemerkbar machen und nimmt etwas von unserer Ausstrahlung weg. Wir merken das, wenn sich jemand Mühe gibt, in einer bestimmten Weise zu erscheinen, denn die Mühe zeigt sich, egal, wie »gelungen« die äußere Darbietung ist. Dann spielen wir im Leben Theater. Es hat für einen Menschen ernsthafte Folgen, wenn sein Bild nach außen auf Dauer mit seinem tatsächlichen Gefühlsleben nicht übereinstimmt.

Wir haben oft die Neigung, unsere wahren Impulse nicht zu zeigen, um unerwünschte Reaktionen anderer zu vermeiden. Wenn das zur Gewohnheit wird, können wir uns von der Null entfernen. Wir entwickeln dann verschiedene Masken, mit denen wir in der Öffentlichkeit auftreten.

Ich ermutige meine Seminarteilnehmer immer wieder, körperlicher zu sein und eine Verbindung zwischen Körper, Fühlen, Denken und Lebensenergie herzustellen, statt den Körper allein als einen Komplex von Muskeln anzusehen, die gymnastisch gedehnt werden müssen. Ich sehe den Menschen wie gesagt als körperlich an, aber auch als Ort unseres Gefühlsausdrucks und als Ort, wie wir in der Welt stehen. Wie wir stehen, so stehen wir im Leben – so ist der Ausdruck und der Eindruck von uns.

Der Ausdruck und die Null

Unsere Kultur legt immer mehr Wert auf den Verstand, auf den Intellekt. Wir bewegen uns nicht mehr natürlich, denn Bewegung und Körperlichkeit ist nicht mehr natürlicher Teil unseres normalen Alltags, sondern etwas Besonderes für Sportler oder Models. Wer die Welt vornehmlich durch seinen Intellekt wahrnimmt, ist nicht richtig in der natürlichen Welt.

Wer hauptsächlich mit Gefühlen auf die Welt reagiert, dem würde es vielleicht guttun, innezuhalten und nachzudenken. Wer dagegen nur auf seinen Körper fixiert ist, ersetzt womöglich seine Gefühlswelt und seinen Intellekt durch körperliche Übungen – wie der Praktikant einer Suchtklinik, der unbedingt elf Kilometer am Tag laufen musste, um sich wohlzufühlen, und Entzugserscheinungen bekam, als er pausieren musste.

Sie können anfangen, Ihre Impulse wahrzunehmen und auszudrücken, die Lust im Umgang mit Ihrem Körper wiederzuentdecken, so wie Sie als Kind die Welt über Körper, Sinne und Gefühle entdeckt haben. Sie können wieder hüpfen und springen, und wenn das nicht geht, können Sie sich auf den Boden legen und sich rollen, rekeln und strecken, sich winden und die Gelenke bewegen oder fasziniert die Finger anschauen. Sie können ausprobieren, welche Gefühle Hände, Ellbogen oder Schultern ausdrücken, und feststellen, dass sich die Gefühle tatsächlich einstellen. So wie Sie auftreten, so ist Ihr Auftritt in der tatsächlichen Welt. So erleben Sie Ihre Welt. Das merken Sie bei anderen, warum nicht bei sich selbst?

Wenn wir uns bewusst bewegen, kommen wir oft zunächst mit unseren Grenzen in Kontakt. Mit unseren Vorbehalten unserem Körper gegenüber, wie er aussieht, wie wir uns bewegen und welche Meinung andere deswegen über uns haben könnten. Wir kommen ebenfalls an Grenzen, wenn wir etwas tun, was wir sonst nicht tun, weil es ungewohnt ist, denn unser Körper ist von unseren Gewohnheiten abhängig, und unsere Gewohnheiten haben wiederum mit unserer Lebenseinstellung und unserer Gefühlswelt zu tun, was und wie wir uns und die Welt erleben. Dies kann schon für Heiterkeit sorgen. Es ist wahrscheinlich ein Grund, weshalb gerade Kinder und Jugendliche so oft kichern müssen, wenn sie selbst oder andere Bewegungen machen, die sie als außergewöhnlich empfinden. Und Jugendliche befinden sich in einem Zustand, in dem sie aus dem vorherigen Rahmen herauswachsen und deshalb auch mit dem eigenen Wachstum und Veränderung zu tun haben.

Übungen, die nicht rein gymnastischer Natur sind, sondern das Körperbild und die Beziehung zum eigenen Körper ansprechen, können sowohl Heiterkeit als auch Unwohlsein auslösen. Das bestehende Selbstbild stellt immer eine Hemmung, eine Grenze dar, denn es repräsentiert genau das, was man (im Augenblick) zu sein glaubt oder was man glaubt, sein zu müssen.

Wenn wir die Lebenslust, die Leichtigkeit und den Humor fördern wollen, geht es darum, mit diesem Bild zu experimentieren, um neue Möglichkeiten zu entdecken und die »Null-Fähigkeiten« des körperlichen und stimmlichen Ausdrucks zu erweitern.

Sich den Raum zum Experimentieren zu geben, ist ein erster Schritt, sich kennenzulernen, wie wir uns zunächst in unserer körperlichen Form verändern können. Dies kann einen Prozess einleiten, sich von gewohnten und erlernten Rollen und von Verhaltensmustern zu lösen und neue zu finden. Es kann einen Prozess einleiten, überhaupt gelöst zu sein und gelassen im Umgang mit sich sowie humorvoller zu werden. Körperwahrnehmung kann man in den eigenen vier Wänden trainieren, manche Übungen können Sie aber auch unterwegs ausprobieren.

Mit geschlossenen Augen können Sie Stück für Stück den ganzen Körper von innen abwandern. Manchmal hilft es, sich dabei eine innere Taschenlampe vorzustellen. Sie können den Kopf, das Gesicht, die Augen und die Lippen von innen fühlen und so mit sich selbst Kontakt aufnehmen. Sie können wahrnehmen, wie es ist, das Gewicht mehr auf einem Bein oder auf dem anderen zu haben, oder die Balance wahrnehmen. Sie können überhaupt das Gewicht des Körpers wahrnehmen. Vielleicht brauchen Sie dazu professionelle Anleitung und suchen sich dafür einen Lehrer in einer der vielen Arten der Körperwahrnehmung.

Sie können den Unterschied zwischen der Wahrnehmung mit geschlossenen Augen und offenen Augen spüren und die Impulse, die innerlich sind und die von außen kommen. Sie können ausprobieren, wie die Welt aussieht, wenn Sie die Kopfhaltung ändern. Wenn Sie einen guten Kontakt entwickelt haben, können Sie anfangen wahrzunehmen, wie Sie Ihren Kopf halten, wie Sie gehen, wie Sie Ihren Rücken halten, welche Gesten Sie bevorzugen und wie Sie atmen – wann Sie tiefer einatmen, wann und wie Sie ausatmen. Auch hier gibt es eine Menge Begleiter, falls Sie hier Unterstützung und Hilfe brauchen.

Hier geht es nicht darum, irgendetwas »besser« zu machen, sondern »nur« darum, sich wahrzunehmen. Wenn Sie anfangen, anderen Menschen zuzusehen, wie sie gehen und sich bewegen, wie sie miteinander sprechen und wie sie sich verhalten, wenn sie meinen, unbeobachtet zu sein, können Sie eine ganze Menge über sich selbst lernen und bekommen weitere Anhaltspunkte, was Sie alles noch an sich selbst wahrnehmen können. Durch die Verstärkung all dessen, was Sie bemerkt haben, beginnen Sie, einen spielerischen Zugang zu sich zu bekommen.

Eine geschützte Privatsphäre herzustellen, wäre also ein wichtiger Schritt, einen neuen Weg im Umgang mit dem Ausdruck einzuleiten und neue Räume für sich zu entdecken.

Aus meiner Erfahrung gibt es zwei Hauptaspekte des körperlichen Ausdrucks, einmal einen »Null-Aspekt« und einmal den bekannten, gelernten, von Erfahrung geprägten Aspekt. Der »Null-Aspekt« fordert zum Spüren und Wahrnehmen auf, ohne etwas Sichtbares nach außen zu tun: die eigene Bewegung, die Haltung, den Atem. Hier geht es darum, eine Beziehung zu sich aufzunehmen. Dies kann zu mehr Entspannung führen. Wenn wir merken, wie unruhig wir sind, sobald es darum geht, still zu sein und sich wahrzunehmen, regen sich viele zunächst einmal auf. Der »Null-Aspekt« heißt auch, sich auf einen Rhythmus oder einen Tanz einzulassen, sich gehen zu lassen, zu experimentieren, zu spielen und zu genießen. Es kann heißen: etwas übertreiben oder verstärken, bewusst deutlicher machen.

Wenn Sie zum Beispiel die Straße entlanggehen und Sie achten auf die Füße und das Gehen, stellen Sie vielleicht fest, dass Sie dazu neigen, auf eine bestimmte Weise zu gehen (zum Beispiel die Füße nach innen oder außen zu drehen) und vielleicht auch, dass Sie den Atem anhalten. Sie können dann den Zustand wahrnehmen, die Gefühle und die Gedanken, die Sie dabei haben. Hier üben Sie hauptsächlich Ihre Aufmerksamkeit. Sie können aber auch den Gang und die Atmung noch verstärken. Die zweite Art hat den »Nachteil«, dass Sie dabei gesehen werden, so Sie in der Öffentlichkeit sind. Dann hören Sie vielleicht Kommentare oder Lachen. Aber falls Sie bereit sind, ein bisschen zu »spinnen«, hat das auch einen Vorteil. Sie befreien sich ziemlich schnell von den Meinungen anderer. Vielleicht sind diese Meinungen überhaupt nicht abschätzend, wie Sie befürchten, sondern machen anderen Freude. Und unter Umständen merken sie es überhaupt nicht!

Dadurch gewinnen Sie nach und nach nicht nur ein genaueres Bild von sich, sondern die bewusste Wahrnehmung verändert auch Ihre Beziehung zu sich. Wenn Sie dann anfangen, mit der Körperhaltung zu spielen und zu experimentieren, beginnen Sie, sich in der Welt »anders« zu zeigen und die Reaktionen darauf mitzubekommen. Wichtig bei dieser Haltung ist: Sie müssen auf die Reaktionen nicht reagieren, auch nicht auf die eigenen, und das trainiert nicht nur die Aufmerksamkeit, sondern auch die Qualität, die Dinge stehen zu lassen, ohne sie gleich verändern zu müssen, ohne gleich zu reagieren.

Innehalten ist auch eine »Null-Übung«, die Sie ausprobieren können. Mitten im Alltag kurze Pausen zu machen, schafft mehr Raum, mehr Abstand von den schnellen inneren und äußeren Reaktionen, die wir sonst an den Tag legen und in die wir im Alltag verwickelt sind. Es ist ein Anfang, sich daraus zu lösen, sich überhaupt zu lösen. Und Humor hat etwas damit zu tun, sich zu lösen, gelöst zu sein.

So können Sie drei Aspekte von sich kennen- und unterscheiden lernen: Körper, Fühlen und Denken. Sie werden feststellen, dass sie zwar zusammenspielen können, dennoch unterschiedlich sind. Und oft genug geben sie unterschiedliche, ja widersprüchliche Impulse von sich. Zum Beispiel, wenn der Kopf sagt: Dies und jenes muss getan werden, und Sie fühlen sich einfach faul und haben keine Lust, dann empfinden Sie sowohl das Faule als auch das »Muss« im Körper, und wahrscheinlich auch die Spannung, die dies erzeugt. Sie fangen auch an, diese drei Aspekte voneinander zu unterscheiden und vielleicht solche Konflikte und unterschiedliche Interessen nicht nur zu registrieren, sondern auch zu begreifen. Sie lernen sich kennen und wie Sie geprägt sind – das heißt, welche Muster und Programme Sie so gelernt und geübt haben, dass sie jetzt automatisch ablaufen. Sie entscheiden in vielem nicht mehr selbst, sondern lassen Programme ablaufen. Da diese Programme so schnell ablaufen, können Sie diese mit spontanen Reaktionen verwechseln. Sie wahrzunehmen und sie womöglich auch noch deutlicher zu machen, setzt den Prozess des Loslösens in Gang.

Sie können noch weitergehen: Sie geben sich den Freiraum, mit Ihren Händen verschiedene Gesten zu versuchen und sie so zu fühlen, als würden Sie Ihre sein, ohne zunächst daran zu denken, was die Gesten »bedeuten«. Sie können auch Töne und Geräusche hinzufügen. Das verstärkt die Wirkung. Stellen Sie sich vor, eine bestimmte Geste wäre Ihre Geste, als würden Sie immer so sprechen und sich so ausdrücken. Sie können das Gleiche mit Ihrer Haltung tun. Sie können dabei an einen Südländer denken, der mithilfe der Hände seine Worte dramatisiert und ihnen mehr Gefühl verleiht. Sie üben sich dabei darin, sich in verschiedenen Stimmungen und Lebenshaltungen zu versuchen. Sie können auch zulassen, dass Ihr ganzer Körper so wird wie diese Geste und alles, was Sie tun oder sagen, die Stimmung dieser Geste unterstützt. »Der Ton macht die Musik«, und Sie bekommen zu Ihrer Stimme mehr Kontakt. Sie können eine beliebige Körperbewegung machen. Sie können die Bewegung beliebig verändern, größer und kleiner machen, zackiger und fließender. Sie können aber auch einfach mit den Gesten spielen und dabei spüren, wie auch pantomimische Einlagen entstehen und wie sich ein spielerischer Umgang mit Ihrem Ausdruck entwickelt. Vielleicht stellen Sie ganz einfach fest, dass es Ihnen Spaß macht, statt nach dem Sinn oder nach dem Ergebnis zu suchen. Sie können dies zunächst im eigenen Raum tun, aber ich bin mir sicher, das bleibt nicht lange so.

In der Folge werden Sie Spiel mit Wahrnehmung kombinieren und sich nicht nur besser kennenlernen, sondern sich Freiraum im Alltag schaffen. Je flexibler Sie körperlich sind, umso mehr Möglichkeiten verschaffen Sie sich im Alltag, nicht nur anders zu sein als sonst, sondern Ihr Verhalten und Ihre Reaktionen zu variieren. Sie regen dabei Ihre Fantasie an und müssen sich an keine Spielregeln halten. Sie leben mehr aus dem Körper und auch aus dem Gefühl heraus, und weniger aus dem Kopf. Keine Sorge: Sie verlieren nicht automatisch Ihren Verstand dabei, sondern manchmal nur die Fassung. Sie erweitern damit Ihr Repertoire.

Ihre Wahrnehmung können Sie weiterhin trainieren, indem Sie sich schnell oder in Zeitlupe bewegen, wenn Sie alltägliche Handlungen ausführen. Die Langsamkeit hat eine besondere Wirkung auf das Bewusstsein, auf die Aufmerksamkeit und auf die Atmung. Sie spielt deshalb eine große Rolle beim Tai-Chi und anderen Bewegungsmeditationen, die energetische Veränderungen in uns herbeiführen können.

Sie können auch mit der Sprache und dem Klang von Konsonanten und Vokalen spielen, Worte anders als gewohnt zusammenstellen, Lieder singen, die Stimme genießen und ihre Resonanz, zum Beispiel im Bad. Entspannen Sie dabei den Hals, wenn Sie die Höhen und Tiefen der Stimme erfahren, und suchen Sie immer nach der Resonanz. Wenn die Stimme schwingt, dann ist der Ausdruck stimmig und hat Wirkung. Sie kennen es bestimmt, in der Badewanne zu singen oder sich vielleicht als Kind über das Hallen der Stimme unter einer Brücke zu freuen oder die Wirkung der Stimme beim Echo auszuprobieren. Der Körper ist ebenfalls ein Resonanzraum wie bei einem Instrument und die Qualität der Stimme wirkt auch auf die Resonanz, die wir bei anderen haben, also darauf, wie das Gesagte bei anderen ankommt.

Einen weiteren wesentlichen Aspekt unseres Ausdrucks stellt der Atem dar, möglicherweise der wichtigste Aspekt überhaupt: Über den Atem leben wir. Über den Atem nehmen wir zueinander Beziehung auf. Und der Atem spiegelt die Bewegung in uns wider, er spiegelt das, was uns innerlich bewegt, und steht in unmittelbarer Verbindung zu dem, was wir wirklich fühlen. Wenn der Atem stockt, spüren wir die Angst. Die Intensität unserer Gefühle zeigt sich in der Intensität unserer Atmung.

Der Verstand behauptet oft: »Du brauchst keine Angst zu haben!«, oder: »Du hast keine Angst zu haben!« Die Angst ist dennoch da. Wer diese Art »Spaltung« über längere Zeit betreibt, wird sich an eine Art des Umgangs mit sich gewöhnen, die ihm auf Dauer nicht guttut und die der Orientierung und Wahrnehmung im Leben schadet. Sie wirkt auf den Humor und die Lebensenergie und belastet den Menschen auf allen Ebenen. Oft genug stellt diese Art von »Leugnung« einen notwendigen Schutz dar, die wir zum Beispiel als schutzloses Kind in vielen Situationen brauchten. Als Dauerzustand kann die Leugnung von Körper-, Gefühls- und Denkimpulsen zu den unterschiedlichsten Zuständen negativen Stresses wie Erregbarkeit, Angst, Rückzug, Forschheit und Anstrengung führen.

Der Clown stellt mit dem Atem einen direkten Zugang zum Lachen her. Das Spiel mit dem Atem bringt Menschen immer wieder zum Lachen und vermittelt einen direkten Zugang zur Welt des Clowns und des Humors. Wir können darüber lachen, wie jemand seinen Atem kontrolliert. Je mehr wir denken, desto flacher wird unsere Atmung. Und es scheint so, als ob Denken und Atmen einen praktischen Gegensatz darstellen, wenn auch beides für uns notwendig ist. Wer seinen Atem deshalb kontrolliert, weil er nicht fühlen will, ist wahrscheinlich nicht gerade »gut aufgelegt«. Wenn jemand seinen Atem kontrollieren muss, um nicht zu fühlen, befindet er sich in einer emotionalen Krise, vielleicht, ohne seine Not wirklich zu bemerken, denn die Kontrolle ist oft ein notwendiger und sehr verständlicher Schutzmechanismus.

Es gibt viele Angebote in diesem Bereich, vom Atem als Wahrnehmung bis zum Atem als Therapeutikum, je nachdem, was jemand gerade braucht. Eine Grundübung bei der Atmung entspricht den meisten Übungen im Bereich der Körperwahrnehmung, nämlich die Aufmerksamkeit eine Zeit lang auf einen bestimmten Aspekt von sich zu lenken und dort ruhen zu lassen. Sie können sich zum Beispiel hinlegen (am besten bequem und warm auf eine Decke auf dem Boden) und sich entspannen, indem Sie Ihre Aufmerksamkeit erst auf die Füße lenken und erleben, welchen Kontakt Sie zum Boden haben, und erlauben, dass Sie sich »vom Boden tragen lassen«, als ob der Boden Ihnen entgegenkommen würde. Das heißt im Klartext: Sie müssen nichts tun. Der Boden tut es für Sie.

Schon allein dies zu tun, fällt vielen Menschen schwer. Sie können dieselbe Übung dann auf die Waden, auf die Knie, die Oberschenkel, auf das Becken, auf den unteren Rücken, auf den Brustkorb, auf die Schultern, die Oberarme, Unterarme, Handgelenke, Hände und schlussendlich auf den Kopf übertragen. Der Kopf ist schließlich auch ein Körperteil! So kann es sein, dass Ihr Körper sich entspannt und sich schwer fühlt – manchmal fühlt sich gerade nach dieser Übung der Körper sehr leicht an. Erleben Sie einfach, was passiert.

Dann lenken Sie Ihre Aufmerksamkeit auf die Atmung: Spüren Sie, wie Sie ein- und ausatmen und wie meistens zwischen Ein- und Ausatmen eine kleine Pause entsteht, bis der Körper den Atem entlässt (beim Ausatmen) oder wieder braucht (beim Einatmen). Ich stelle mir vor, der Atem ist wie ein willkommener Gast, der jederzeit kommen, gehen und auch pausieren darf, wie er will. Eine einladende Haltung zum eigenen Atem kann sich dahin gehend auswirken, eine freundlichere Haltung sich selbst gegenüber einzunehmen. Und es kann immer sein, dass sich durch eine solche Übung Gefühle zeigen, mit denen Sie gar nicht gerechnet haben. Das muss Sie nicht beunruhigen – dazu ist der Atem ja da und Gefühle kommen und gehen. Es könnte Ihnen aber auch zeigen, dass es gut wäre, diese Gefühle mit einem professionellen Begleiter genauer anzuschauen.

Und es könnte einfach eine Entspannung und Erfrischung und auf Dauer eine andere Beziehung sich selbst gegenüber bewirken.

Sie können aber genauso im täglichen Leben immer wieder Ihren Atem aufmerksam wahrnehmen, so wie die eigene Körperhaltung. Sie können mit beidem experimentieren. Und Sie können gerne mit dem Lachen experimentieren. Sie können voll aus dem Bauch lachen und Sie können »künstlich« lachen. Sie können den Körper wahrnehmen und Sie können mit ihm spielen. Sie können auch beobachten, wie andere lachen, atmen und sich bewegen.

So üben Sie sich in direktem Erleben – im »Jetztgefühl« des Körpers – und so trainieren Sie Ihre Wahrnehmung und Aufmerksamkeit. Sie werden sicherlich Grenzen entdecken und Reaktionen feststellen. Sie werden spüren, wie wichtig bestimmte Haltungen oder Sätze sind, die »zu Ihnen gehören«. Möglicherweise entdecken Sie auch Grenzen, indem Sie sich lächerlich vorkommen. Wenn bei Ihnen »der Spaß aufhört«, so ist das aus meiner Sicht ein wichtiger Schritt zum wahren Humor. Sie verlieren nichts dabei, denn Sie merken, welches Gesicht Sie partout nicht verlieren wollen. Das kann für Sie sehr aufschlussreich und hilfreich für Ihren humorvollen Alltag sein. Wenn Sie das »doof« finden sollten, dann beschweren Sie sich über die »doofe« Übung und über den Autor, der sich so »etwas Blödes« ausgedacht hat. Auch das kann zur Übung gehören. Viel Spaß damit!

Körpersprache ist nicht allein eine Frage von willentlich eingenommenen Haltungen, sondern eine Sprache, die wir ohne bewusstes Zutun sprechen. Wenn wir für diese Grundsprache sensibel sind, können wir erkennen, was wir in Wirklichkeit sagen und brauchen, und sind mehr mit uns im Einklang.

Das unbekümmerte Spiel, Spaß und Kreativität

Kreativität und das Spiel des Moments

Die Fähigkeit zu spielen – das spielerische Selbst – ist eine mitgegebene Fähigkeit, eine Gabe, mit der wir die Welt als Kind entdecken. Es ist auch die Fähigkeit, die Welt zu verändern, indem wir leben, experimentieren und ausprobieren, ohne dass es mit negativen Folgen verbunden ist. Kinder sind selbstverständlich mit ihrer Null verbunden, besonders wenn sie spielen. Versunken im Spiel oder im Toben erleben sie immer wieder Augenblicke der Unbekümmertheit und »grundlose« Freude. Im Spiel können sie alles sein. Sie sind nicht an eine bestimmte Rolle gebunden. Sie können ausprobieren, wie sie sein wollen, und ihre Wünsche und Einfälle ausleben.

Erwachsene neigen dazu, das Spiel als reine Kindersache anzusehen, und dennoch: Es gibt genügend »Bastler«, die Spaß daran haben, an ihrem Motorrad zu schrauben. Es gibt immer Exzentriker, die sich für neue Maschinen oder für Astronomie interessieren und nie ernst genommen werden, bis sie etwas entdecken. Hängt nicht der Impuls zu spielen mit dem Impuls zu entdecken zusammen? Das Spiel lebt von Interesse, Konzentration, Begeisterung und Entdeckergeist. Letzterer sollte eigentlich zum Curriculum jeder Schule gehören, nicht als eigenes Fach, sondern als die Art, *wie* wir lernen. Spiel gehört nicht allein in den Kindergarten.

Das Spielen versteckt sich heute meist hinter dem Verstand, weil Technologie sich auf einem großen Wissen aufbaut. Dennoch ist diese Technologie erst durch das Spielen möglich gemacht geworden. Design, Architektur, Mode, Musik, Kunst – wenn keiner spielen würde, gäbe es keine Weiterentwicklung mehr. Spielen ist auch das Bedürfnis, herauszufinden, wie etwas entsteht und woraus sich das Entstandene zusammensetzt. Man kann ein Handwerk ohne Experimente betreiben, um dieselbe Qualität immer wieder zu erreichen. Man kann aber auch durch die täglich neuen Anforderungen mittels Experimentieren neue Materialien oder neue Wege finden und neue Stile entdecken. Aus Entdeckergeist können neue Branchen entstehen.

Spielen hilft uns, abstraktes Denken zu entwickeln, neue Formen zu entdecken. Wir könnten alte Formen auf neue Zusammenhänge hin anschauen, ohne einen Anspruch darauf zu haben, fertig zu sein oder etwas zu einem bestimmten Zweck zu produzieren. Wir lassen uns sogar vom Ergebnis überraschen und können auch entscheiden, was ein Ergebnis ist. Spielen kann ein Lernen darüber sein, wie Kontexte überhaupt entstehen und wie die eine Form in eine andere übergeht. Sie ist eine wichtige Grundlage der Kunst. Das setzt die Neugierde voraus, Neues entstehen zu lassen, Dinge neu zusammenzusetzen, sie auch in andere, unerwartete Zusammenhänge zu bringen. Spiel ist hier eine Steigerung und auch eine Form der Kreativität. Hier entwickeln und entdecken wir unsere Talente und Interessen.

Durch das Spiel erleben wir, wie alles zusammenhängt. In jeder Art von erwachsener Tätigkeit spielt die Kreativität eine enorme Rolle. Es gibt verschiedene Formen und Aspekte des Spielens, die sich mit bestimmten Alters- und Entwicklungsstufen und durch persönliche Entwicklung unterscheiden. Es gibt das Spiel mit Tönen, Harmonien und Geräuschen in der Musik, das Spiel mit Farben und Formen in der Malerei und Bildhauerei, aber auch in den experimentellen Wissenschaften und in der Mathematik, in Theater und Therapie. Der spontane Umgang mit Menschen und mit sich selbst sowie der Umgang untereinander kann spielerisch und im Spiel geschehen. Der Ernst beginnt, wenn das Spiel zu einem Ergebnis führt oder führen muss beziehungsweise Konsequenzen hat.

So scheint es mir, dass es wie bei den beiden Welten der Null und der geprägten, ernsthaften Welt der Erfahrung eine Beziehung zwischen Spiel und Ernst gibt. Das Spiel entdeckt immer wieder neu – der Ernst bewahrt die Entdeckungen und wiederholt sie, nutzt sie, passt sie an. Aus Sicht der Erfahrung können die Entdeckungen im Spiel »übertrieben«, »zu verspielt« oder von »wenig Nutzen« sein. Aus Sicht des Spiels kann der Ernst »zu bieder«, »langsam« oder »langweilig« sein. Es kann so weit gehen, dass ein »ernsthafter Mensch« alles Spielerische als »verrückt« und »verantwortungslos« abtut, während ein »Spielertyp« genau solche Ausdrucksformen wählt, um den Ernst zu schockieren und ihn auf diese Weise aus seiner Lethargie herauszuholen.

Ich meine, diese Dynamik überall in unserer Welt zu finden. Wenn wir sie als ausschließende Gegensätze ansehen, können wir sicherlich nicht von der belebenden Spannung zwischen ihnen profitieren. Selbst wenn ein Musiker das wiedergibt, was die Noten vorschreiben, muss er sich auf die Musik einlassen und sein Instrument kennen, um damit spielen zu können. Seine Interpretation geschieht immer im Moment des Spiels und er muss ganz dabei sein, konzentriert und frei.

Das Spiel in der Improvisation nutzt kleine Bausteine wie zum Beispiel Impulse, um größere Einheiten zu schaffen, die Sinn machen. Wenn ich also anfange, »mit mir zu spielen«, fange ich an, mich zu entdecken und mich neu zusammenzusetzen. Das gibt mir mehr Möglichkeiten, als wenn ich immer wieder dieselben Steine, dieselben Sätze, dieselben Handlungen automatisch wiederhole. Ich werfe damit nicht alle Werte über Bord, sondern belebe sie immer wieder neu. Deshalb ist der Narr, der alles hinterfragt, wertvoll, wenn seine Art, den Spiegel vorzuhalten, das Wertvolle herausschält. Was wertvoll ist, kann niemand mit absoluter Gewissheit sagen, besonders dann nicht, wenn wir Verhaltensmuster und -programme ungern aufgeben oder infrage stellen lassen, weil sie für uns einen Wert darstellen. Es lässt sich nicht feststellen, wo genau die Grenze liegt.

Das Zusammenspiel zwischen beiden Bereichen hört nicht auf, mich zu faszinieren. Ich habe für mich gerade deshalb die Improvisation und den Humor gewählt, weil ich mir eine möglichst freie Form für meine Arbeit und mein Leben geben wollte. Gleichzeitig wollte ich, dass ich als Narr mit der Improvisation »von Nutzen« bin. Ich sehe den Narren als Begleiter des Alltags und als solcher bin ich in vielen verschiedenen Bereichen des »ernsten Lebens« tätig. Die Bausteine des Verhaltens, des körperlichen Ausdrucks, die Verbindungen zwischen Körperteilen und Ausdruck, das Herausfinden, wo die Grenzen sind, dies sind nur Teile meines Gesamtinteresses: das Lachen, der Humor und die Komik. So sehe ich das Spielen als Grundvoraussetzung dafür, dass wir uns frei fühlen und weiter lernen, dass Beziehungen und Begegnungen frisch bleiben und wir uns immer wieder an unsere Lebendigkeit erinnern und an unsere grundsätzliche Freiheit, im Leben zu entscheiden. Ich bin davon begeistert, wie aus einer Idee, in der Feuer und Herz stecken und die den Wünschen vieler Menschen entspricht, Neues entstehen kann. So sind die vielen Entdeckungen und Entwicklungen entstanden, die für uns heute selbstverständlich sind.

Wenn Seminarteilnehmer einen Spielraum bekommen, wissen sie oft nichts mit sich anzufangen. Sie brauchen eine Anleitung, um die Möglichkeiten, die ihnen zur Verfügung stehen, als solche zu erkennen. Deshalb fängt »das Spiel mit sich selbst« damit an, sich als Körper kennenzulernen. Der Verstand nimmt Platz in der hintersten Reihe und darf zuschauen, während die Teilnehmer körperlich wahrnehmen, wie sie auf den Füßen stehen. Sie spüren das Gewicht des Körpers, das Gleichgewicht und auch, wie es ist, auf einem Bein zu stehen. Gleichzeitig sind das nicht allein gymnastische Übungen ohne weitere Bedeutung. Wie weiter oben schon ausgeführt, ist jede Art zu stehen und zu gehen gleichzeitig Ausdruck einer Art, in der Welt zu sein, Ausdruck eines Lebensgefühls. Jedes Lebensgefühl hat eine Stimmung und daher eine Stimme. Die Verbindung zwischen Körper und Stimme, zwischen Haltung und Stimmung wird durch den Ausdruck klar. Man spürt auch die internen Reaktionen darauf, so im Raum »herumzuturnen«. Es kann dann sehr wohl sein, dass der Verstand nicht ruhig hinten sitzt, sondern seine Meinung lautstark kundtut oder zuflüstert: »Was soll denn das?«, »Du siehst albern aus!« Es kann sein, dass man feststellt, dass es zunächst einmal guttut, sich auszuprobieren und sich anders als sonst kennenzulernen.

Viele Menschen haben Mühe damit, sich frei auszudrücken. Ich sehe dieses Phänomen als Ausdruck dafür, dass unser Verhalten viel reglementierter ist, als wir es gerne zugeben würden. Der Verstand spielt in unserer Gesellschaft eine sehr große und der Körper als Ausdrucksmittel eine untergeordnete Rolle.

Meine Seminarteilnehmer spielen nicht nur mit der Körperhaltung, sondern auch mit gelernten Sätzen, mit Worten, mit Vokalen und Konsonanten. Es entstehen neue Zusammenhänge, worüber sie lachen müssen. Der Verstand kann dem zwar nicht in allem folgen, aber das Spiel macht einfach Spaß! Es gibt keine Grenzen, womit wir in diesem Sinne spielen könnten. Wir können mit Worten spielen, mit dem Körper (Akrobatik und Pantomime) und mit dem Ausdruck (Körperhaltung, mit unserem Gesicht, mit Gesten, mit Tanz, Rhythmus, Stimme, mit Tönen und Klängen, mit Farben, Stimmungen und Gefühlen, mit Darstellung und Rollen). Die Spielfähigkeit und Spielbereitschaft ist nicht das Ergebnis des Denkens, sondern entsteht spontan aus uns heraus. Wir können mit Gegenständen spielen, sie umfunktionieren, zusammenstecken oder aufeinanderstapeln. Sie regen die Fantasie an und knüpfen spielerisch und in veränderter Form an Situationen, Gefühle und Haltungen an, die wir sonst aus dem Alltag kennen.

Alles, was wir tun (und wie wir es tun), hat Symbolkraft. Das kann uns sehr schnell an Zusammenhänge bringen, die uns sehr nah sind. Ein Tennisschläger erinnert schnell an Zuschlagen, aber auch an einen Spiegel. Sowohl ein Schläger als auch ein Spiegel lösen viele Assoziationen aus, sodass sich das Improvisationsspiel sehr gut eignet, unausgedrückte Wünsche hervorzulocken. Wenn dies in einem geschützten und spielerischen Rahmen stattfindet, können wir entdecken, dass manches in uns Kraft hat, was wir sonst nicht zugeben würden.

Die Freude am Spiel erzeugt Lachen. Sie ist mächtiger als Vorbehalte, Bedenken und Nachdenken, wenn sie echt ist. Spiel verbindet und löst. Wir benutzen und entwickeln dadurch unsere Fantasie, die Vorstellungskraft. Pantomimische Übungen stärken die Vorstellungskraft, aber sie werden erst komisch, wenn wir anfangen, die Gefühle und Assoziationen mit einzubeziehen, die wir beispielsweise mit einer Wand oder Tür verbinden.

Für viele ist das Spielen im Raum nicht nur ein geschützter Rahmen, sondern ein echter Narrensprung, sich überhaupt so auszuprobieren. Ich hatte Teilnehmerinnen im Kurs, die als Kind nie gespielt haben und Kinderpsychiaterinnen geworden sind. Für sie war es – trotz Ausbildung – zunächst unerträglich zu spielen oder sich zu verkleiden. Später haben sie die anderen oft übertroffen, und wenn ihre Sprachgewandtheit hinzukam, wurden sie zu perfekten Närrinnen.

Kinderspiele als spezielle Form des Spiels haben in meinen Seminaren ihren festen Platz. Wenn sie den freien Raum dazu bekommen, stelle ich immer wieder fest, dass Erwachsene viel Spaß am Herumblödeln haben und dass sie großen Gefallen daran finden, mit Gegenständen zu spielen oder sich zu verkleiden. Ich veranstalte in meinen Kursen auch »Kindernachmittage«, bei denen es darum geht, in einer größeren Gruppe eine Rolle zu übernehmen und darauf loszuspielen. Wasser-, Kissen- oder Schlammschlachten sind dabei sehr beliebt. Aber selbst wenn man mit einem pantomimischen Einstieg anfängt, zum Beispiel Seil ziehen oder eine Tür aufmachen, kann das zu zweit oder mit mehreren Personen zu überraschenden szenischen Spielen führen. Der Hauptspaß daran ist gerade, vorher nicht zu wissen, was kommt und wie sich ein Spiel entwickelt.

Spielen übt die Fähigkeit, »so zu tun, als ob« – die Fähigkeit, ernsthaft in anderen Rollen aufzugehen, während man sich bewusst ist, dass sie Teil eines Spiels sind. Das ist eine Fähigkeit, die einem im alltäglichen Leben auch zugutekommt, wenn man neue Verhaltensweisen ausprobieren will. Das Spiel ist in dem Augenblick real und wird auch so erlebt.

Spielen ist ein primäres Mittel zum Erfassen und Erfahren aller menschlichen und natürlichen Verhaltens- und Lebensformen. Kinder verkleiden sich deswegen meistens auch sehr gern. Sie spielen »Räuber und Gendarm« und freuen sich, mal »Räuber« zu sein, mal »Gendarm«. Beide Rollen haben ihren Reiz. Kinder haben dabei die Fähigkeit, ein Spiel zu unterbrechen, wenn die Spielregeln nicht eingehalten werden oder wenn Mama plötzlich mit einer Frage auftaucht. Dann kehren die Kinder zum Spiel zurück. »Das gilt nicht!« gehört zum Versuch, alle Spielteilnehmer an die Regeln zu erinnern, zum Beispiel, wenn jemand mogelt oder wenn einer versucht, den anderen zu verletzen oder einem Kind etwas wegnimmt. Ansonsten ist es wichtig, sich auf ein Spiel einzulassen, um den Spaß zu erleben. Wir können nicht spielen, wenn wir uns zurückhalten. Wenn Zurückhaltung zu einer Lebensgewohnheit wird, entgeht uns unsere spielerische Seite.

Selbst Herumtoben findet unter Erwachsenen viel Anklang. Für sie ist es wichtig, die Betonung auf das Spiel zu legen, denn Erwachsene sind sehr schnell darin, »alte Geschichten« auszuleben und rücksichtslos zu werden. Deshalb sollte Erwachsenen immer klar sein, dass es nicht darum geht, den anderen zu verletzen oder (ohne Einverständnis) »unsittlich« zu werden. Dann können sie wirklich Spaß am Herumtoben haben.

Die normalen Spielregeln zu erweitern, ohne sie aufzuheben, ist Voraussetzung für ein gelungenes Zusammenspiel, für den Genuss und für die Erfahrung neuer Möglichkeiten, eines neuen Freiraums. Bevor man sich fragt: »Und wozu ist das gut?« oder »Wie übertrage ich das in den Alltag?«, geht es erst einmal darum, das Spiel als solches zuzulassen. Sonst bewirken solche Sätze nur, dass man das Spiel nicht wagt. Für mich hat diese Art Spiel mehr Anreiz als jedes Wettspiel.

Ein weiterer Narrensprung ist es, sich auf der Bühne, das heißt vor anderen, zu zeigen und zu spielen. Hier setzt man sich nicht nur den eigenen Bewertungen und eventuell Ängsten aus, sondern man stellt sich oft ein kritisches Publikum vor, dem man einiges bieten muss. Dann könnte sich der Schutzraum plötzlich auflösen. Es ist aber erstaunlich, wie wenig man braucht, um wirklich auf der Bühne zu bestehen. Auf der Improvisationsbühne und auf der Clownbühne geht es zunächst allein um Kraft und Intensität und darum, dass es in Ordnung ist, diese Kraft und Intensität zu zeigen. Deshalb kann der Sprung auf die Bühne ebenfalls »nur« aus kleinen Bausteinen, Gesten und Handlungen bestehen, die Ausdruckskraft haben. Die Bühne gibt uns auch die Möglichkeit, uns als »Geschenk« zu erleben, denn alles, was wir dort tun, ist etwas wert, solange wir bereit sind, es zu zeigen. So unterstütze ich Teilnehmer darin, ihre Geste als »Botschaft an die Welt« oder als »Botschaft ans Universum« anzusehen. In der Form wirkt jede Geste komisch und kommt an. Übungen aus dem Fundus des Improvisationstheaters – auch als »Theatersport« bekannt – helfen, aus Alltagshandlungen gelungene Auftritte zu machen. Je mehr Teilnehmer erfahren, dass es auf dieser Art von Bühne keine Fehler gibt, umso mehr sind sie bereit, sich zu zeigen und zu öffnen und das zu genießen.

Improvisation hält immer Überraschungen bereit. Man ist auf die Einfälle des Augenblicks angewiesen – es gibt deshalb keine Fehler, nur kreative Momente, die ich aufgreife und in das Gesamtbild einfüge oder die dem ganzen Werk eine neue Richtung verleihen. Hier kann eine hohe Virtuosität entstehen. Improvisation bringt den schauspielernden Seminarteilnehmer in einen kreativen Fluss der Begeisterung, in dem er nicht mehr derjenige ist, der handelt, sondern er das Gefühl hat, geführt zu werden. Dies ist Inspiration – ein weiterer Ausdruck der Null.

Improvisation oder Stegreif ist ein wesentlicher Bestandteil des Humors. Die Fähigkeit, auf momentane, spontane Einfälle und Einwürfe reagieren zu können, ohne sich an eine Vorlage halten zu müssen, fördert die Unberechenbarkeit des Schauspielers, sodass er sogar über sich selbst stolpert und beim Stehen, Spielen oder Reden die Worte, Bewegungen, Zusammenhänge und Pointen findet. Die ständige Überraschung des Schauspielers hält wach und den Ausdruck authentisch.

Ich habe es selbst erlebt, wie schwierig es ist, mich nach außen zu zeigen – als Person, aber auch auf der Bühne. Es ist einer meiner persönlichen Narrensprünge, dass ich diesen Weg zu meinem Beruf gemacht habe. Gerade bei meinen ersten Versuchen auf der Bühne als Spieler oder mit einem Instrument hatte ich panische Angst, vor einem Publikum zu stehen. Ich fühlte mich überhaupt nicht frei. Als Kind spielte ich Blockflöte und später Oboe. Ich musste als Kind allein vor Publikum singen und in jeder Schule traf ich auf einen ehrgeizigen Musiklehrer. Mir schnürte es fast die Kehle zu und mir ging die Puste aus. Beim Theaterspielen fiel es mir schwer, eine ernsthafte Rolle einzuhalten. Ich hatte Angst, die Zuschauer würden meinen, ich sei wirklich so. Gleichzeitig hatte ich Angst, sie würden meine Angst bemerken. Mir war auch bewusst, dass ich in der Rolle durchaus echte Teile von mir zeigte. Ich befand mich in einer Klemme: Ich wollte gesehen werden, ohne gesehen zu werden, was zum Teil mein Dilemma als Kind beschreibt und lange Zeit mein Lebensdrama war.

Immer wieder sind mir auf der Bühne vor Publikum Missgeschicke »geschehen«. Als Kind sind mir als königlicher Berater die Karten aus der Hand geglitten und lagen plötzlich überall auf dem Boden verstreut. In Dornröschen haute ich als Prinz mit meinem Schwert auf die Hecke und traf dabei den Jungen auf den Finger, der das Tuch hielt, das die Hecke darstellte. (Ich mochte ihn auch nicht besonders.) Im Gymnasium habe ich in einer winzigen Nebenrolle beinahe Macbeth vorzeitig »getötet« und in »Warten auf Godot« als Wladimir nicht mehr gewusst, wo ich im Text war. Gerade solche Situationen haben mich aber nicht gestört. Ich habe improvisiert, das Publikum lachte und ich fühlte mich wohl und sicher. Mein Spiel mit den Fehlern wurde zum Teil der Aufführung.

Aus einer »Schwäche« eine Stärke zu machen, wurde bei mir zu einer Lebensaufgabe, die ich auf eine professionelle Ebene bringen wollte. Ich machte einen weiteren Narrensprung und reiste nach San Francisco, wo ich die Improvisation des Augenblicks auf der Bühne lernen wollte. Ich hatte mich für die Kunst des Moments und für die Möglichkeiten der »Zwischenräume« auf der Bühne entschieden, um mein Gefühl für den Rhythmus einer Aussage, fürs Timing, für die Wirkung des Blickes, für einen Spielanlass und für das natürliche Ende oder für einen komischen oder dramatischen Höhenpunkt weiterzuentwickeln.

Heute nutze ich diese Fähigkeiten, um verschiedene Haltungen zusammenzusetzen und das Material eines Spielers zu einer Figur zusammenzufügen. Spieler lernen bei mir, aus eigenen Impulsen, Bewegungen und Haltungen ein Spiel zu machen, über das sie selbst und auch andere lachen können. Ich lasse gegensätzliche oder spontan zusammengewürfelte Haltungen oder

Handlungen miteinander auftreten. Es entstehen dabei immer wieder berührend witzige und tiefgründige Szenen und überraschende Spielsequenzen sowie einmalige Clownfiguren, die hervorragend auf der Bühne wirken, aber auch wichtige persönliche Schritte für den Einzelnen bedeuten. Man lernt, sich spielerisch zu motivieren, den Spiel- und Ausdrucksmoment ernst aufzunehmen, die Vorgaben des Publikums für die spontane Improvisation auf der Bühne aufzugreifen und die Impulse von Körper, Gefühl und Verstand wahrzunehmen und ins Spiel einzubringen. Man muss dazu kein Profi sein. Oft begeistert das Spiel von Nichtprofis genauso oder durch ihre Frische und Spontaneität sogar noch mehr.

Improvisation ist ein Umgang mit dem Moment. Für die Befürworter fertiger Produkte ist sie nur eine Vorstufe zum Eigentlichen. Sie kann aber auch eine Form für sich sein, sowohl als Kunstform als auch als Mittel der erweiterten Erfahrung. Um improvisieren zu können, muss man schon über Grundlagen des Ausdrucks sowie über bestehende Formen des Ausdrucks verfügen. Die Improvisation als Kunstform verlangt eine höchstkomplexe, hoch entwickelte kreative Fähigkeit oder kann eben diese Fähigkeit fördern.

Ein weiteres Ziel war es, meinen Wunsch nach »Echtheit auf der Bühne« und »Echtheit im Leben« zu verfolgen und zu lernen, wie ich aus meinem »persönlichen Material« (Bewegungen, Verhalten und Lebenseinstellungen) heraus spielen konnte. Ich wollte mich aber auch von meinen eigenen Dramen lösen. Deshalb habe ich parallel dazu bei den »Radikalen Therapeuten« eine therapeutische Männergruppe besucht und Körper- und Atemtherapieverfahren kennengelernt. Diesen Prozess habe ich durchgehend bis heute weitergeführt: Es folgte eine Weiterbildung in Theater-, Tanz- und Clownimprovisation, meine persönliche Entwicklung förderte ich mit einer Therapie und die Verbindung von beidem nutzte ich wiederum für therapeutische, persönlichkeitsentwickelnde und künstlerische, bühnenbezogene Zwecke.

Ich interessiere mich für den authentischen Ausdruck und nutze mein persönliches Material für die Entwicklung der eigenen Clownfigur. Und ich nutze das Clownspiel und die Theaterimprovisation sowie »angewandtes Theater« für die weitere Entwicklung der Person.

Ich schaue bei Menschen auf ihre Grundhaltung. Was sagt dieser Mensch, ohne dass er spricht? Was spricht sein Körper, wie atmet er? Was sagt er? Was glaubt er? Wie ist seine oder ihre »Botschaft an die Welt«? Was sagen die Ellbogen (»Ich mache, was ich will – ich wurschtle mich durch«), was die Füße, die Beine und der Stand? Was sagen die Hände und Arme (»Super, klasse!«), die Schultern (»Keine Ahnung«), der Brustkorb (»Ich!«), der Rücken (»Ich halte es nicht aus«)? Wie bewegen sich Männer, wie Frauen? Wie echt ist das Lachen? Was sagen die Augen? Welche Stimmung erzeugt er oder sie, welche Reaktionen, welche Gegenreaktionen?

Als Spieler, Regisseur, Lehrer oder Therapeut »blase« ich diese authentischen »menschlichen Bausteine« auf, ich lasse sie wiederholen, ich spiegle sie wider, ich lasse sie verstärken, bis sie die Kraft und Intensität der Bühne erreichen. Immer wieder mache ich die Erfahrung, dass das authentische Spiel die stärkste und berührendste Form des Spiels ist. Zwar muss der Ausdruck der Intensität der Bühne gerecht werden, dennoch bleibt der Mensch der Mittelpunkt des Clownspiels und des Lachens. Die Fähigkeit, als Clown zu spielen, bleibt für mich ein wichtiger Weg, sich aus persönlichen Lebensdramen zu lösen, besonders wenn die Figur auf authentischem Material basiert.

Wenn wir die eigenen gelernten Eigenschaften als Grundlage zu einem solchen Spiel nehmen, ob wir diese Eigenschaften mögen oder nicht, lernen wir, uns nicht so wichtig zu nehmen. Sie werden zum Spielmaterial. Das ist für mich ein gutes Mittel, sich von vorgegebenen, angepassten Verhaltensmustern zu lösen und die Null in sich zu stärken.

Ob eine bestimmte Art oder eine bestimmte Meinung so wichtig ist, dass wir sie beibehalten, zeigt sich dann, wenn man sie vor Publikum zeigt oder wenn man sie »aufbläst«, das heißt körperlich, stimmlich und gedanklich verstärkt oder übertreibt, ohne das Gefühl zu verzerren oder zu parodieren. Wenn wir uns selbst spielen, merken wir, wie sehr wir im Alltag »spielen«, uns verstellen, um anders zu erscheinen, als wir sind – wie wir eine Maske tragen. Aber keine Sorge: Auch Masken sind Spielmaterial!

Die Verbindung des spielerischen Moments mit der gelernten Rolle belebt uns als Mensch und fördert die Null, sie stärkt unsere Authentizität als Mensch und als Spieler. Wenn wir bestimmte Rollen gelernt haben, können wir uns von ihnen auch wieder lösen. Wir können diese Kraft, die wir in die Rollen gesteckt haben, sicher gut für uns selbst gebrauchen.

Spiel, Komik und der Clown im Alltag

Übertreibung und die Lust am Stolpern

Die Fähigkeit, über sich selbst zu lachen, setzt voraus, dass man überhaupt weiß, worüber man lachen könnte. Wir lachen gerne über die Missgeschicke anderer, besonders wenn sie aus eigenem Verschulden geschehen. Wir sprechen auch vom »lachenden Dritten«, von einem, der unbeteiligt auf das Missgeschick eines anderen oder auf einen Streit oder einen Unfall schaut und lacht, eben weil er unbeteiligt ist. Dieser Standpunkt entspricht dem der Schadenfreude und ist eine aggressive Form des Humors, auf die ich noch zu sprechen komme.

Man braucht zur Komik auf jeden Fall eine gewisse Distanz, aber eine mitfühlende. Ich sehe den anderen nicht als »Blödian«, der einen Fehler macht, der mir niemals unterlaufen würde, sondern als Mensch, dem ein Fehler passiert, der genauso gut mir passieren könnte. Ich kann seine schmerzhafte oder verzweifelte Lage mitempfinden, als ob ich sie selbst erleben würde. Gleichzeitig erkenne ich den größeren Zusammenhang oder die weiteren Umstände, die zu diesem Fehler führen, eben weil ich nicht »drinstecke«.

Was Menschen tun, denken, fühlen, ist das Material des Clowns, insbesondere ihre Pannen, ihr Scheitern, ihre Teufelskreise und ihre erfolglosen Wiederholungen. Wir würden aber weinen oder uns abwenden, würden sie sich wirklich darüber grämen. Nur weil sie immer wieder aufstehen und die Missgeschicke ihnen anscheinend nichts anhaben können, können wir uns über sie freuen. Ein Clown kann über sich selbst stolpern. Er wiederholt etwas und es gelingt ihm wieder nicht. Selbst wenn ihm etwas gelingt, weiß er nicht genau, wie es gelungen ist. Er ärgert sich oder kratzt sich am Kopf – wir freuen uns. Es ist eine große Fähigkeit, dies zu zeigen, aber vielleicht eine noch größere, wenn es uns auch sonst gelingt, so mit Missgeschicken umzugehen, dass sie uns nichts anhaben können. Der Clown scheint die eigenen Katastrophen selbst zu suchen, damit er scheitern kann. Wir schaffen tatsächlich viele unserer Katastrophen selbst, suchen aber meistens den Schuldigen woanders. Wenn bloß ein Publikum uns dabei zuschauen könnte!

Ein Clown ist ein Clown, gerade weil er spielt und der Ausgang ihm niemals ernsthaft schadet. Das erlaubt ihm, eigene Missgeschicke zum Besten zu geben, und es erlaubt anderen, darüber zu lachen. Der Clown nimmt sich und die Folgen seines Tuns nicht so wichtig. Es ist beim komischen Spiel – und beim Spiel überhaupt – wichtig, dass sich niemand wirklich wehtut. Ein Kind mag bei einem Zeichentrickfilm besorgt fragen: »Hat er sich wirklich wehgetan?« »Nein, es war nur Spiel«, kommt beruhigend die Antwort. Wenn sich niemand wehtut, kann gelacht werden.

Für den Humor, den ich meine, muss man sich also kennen und auch bereit sein, sich genauso »hochzunehmen« wie jemand anderen auch. Ein Zeichen dafür ist die Fähigkeit, genau das, was ich falsch mache, extra und noch stärker zu wiederholen und daraus ein Spiel zu machen. Im Alltag kann uns das helfen, Fehlschläge besser zu bewältigen. Und vielleicht wird uns dann auch klar, was wir selbst dazu beitragen, dass uns immer wieder dieselben Missgeschicke passieren. Damit bekommen wir mehr Kontrolle und Entscheidungskraft über unser Leben. Gleichzeitig können wir uns besser entspannen, weil wir uns insgesamt wohler fühlen und toleranter uns selbst gegenüber sind.

Das kann sogar bei Störungen wie Stottern helfen. Ich erinnere mich an einen jungen Mann, der bei mir im Kurs war und stotterte. Er ging wie alle anderen zusammen mit einem Partner als Clown auf die Bühne mit und hatte ein persönliches Thema als Material. Er spielte einen, der unbedingt Musiker werden wollte. Sein »gespielter« Vater sagte ihm, er solle mal vernünftig sein. »Brotlose Kunst« käme für seinen Sohn nicht infrage. Das entmutigte ihn tatsächlich – weil es sein wirklicher Wunsch war und vielleicht auch, weil sein Vater mit fast seiner ganzen großen Familie auch am Kurs teilnahm und im Publikum saß. Er fing an, unkontrollierbar zu stottern. Ich brauchte den Vater auf der Bühne nicht zu unterstützen – er wusste aus eigener Erfahrung, wie man einen Sohn »fertigmacht«. Den Sohn auf der Bühne ermutigte ich, wirklich bei jedem Wort zu stottern, was ihm im ersten Augenblick merkwürdig vorkam. Er schämte sich sehr, dass es ihm wieder einmal nicht gelungen war, seinen Vater von seinen Träumen und seinen versteckten Talenten zu überzeugen.

Aber dann sah ich, wie ihm auf der Bühne »ein Licht aufging« und er anfing, sein Stottern bewusst und gekonnt einzusetzen und noch über Konsonanten und Vokale zu stolpern, die ihm sonst keine Mühe machten. Je mehr er daran Lust bekam, umso mehr musste das Publikum lachen, nicht sosehr über das Stottern, sondern darüber, dass er kaum etwas herausbrachte. Er blieb stur dabei, wollte sich ausdrücken und anderen Menschen eine Freude bereiten! Die Situation war so widersprüchlich, dass alle lachen mussten, auch der »Bühnenvater«. Die Familie war begeistert und stolz auf den Sohn. Aber noch stolzer war er selbst auf sich. Er machte anschließend im Jahreskurs mit und stotterte dort nie.

Eine andere Kursteilnehmerin wollte sich von einer langweiligen und uninspirierenden Arbeit befreien, hatte aber Angst, den Job aufzugeben. Sie wollte Clownin werden. Sie beklagte, dass ihr Chef und die anderen Mitarbeiter ihr nicht zuhörten, und sie machte oft Überstunden, um die Extraarbeiten zu erledigen, die gerade ihr von anderen Mitarbeitern überlassen wurden, während diese pünktlich Feierabend machten. Sie machte das zunächst klaglos, andererseits ärgerte sie sich sehr. Sie versuchte, die Situation beim Chef anzubringen. Er interessierte sich aber anscheinend nicht dafür. Ihr Zwiespalt zeigte sich auch körpersprachlich sehr deutlich: Sie lächelte und war sehr freundlich. In ihrer Körperhaltung zeigte sie sich aber fest, verärgert und unbeweglich. Wenn sie auf einem Stuhl saß, sah sie so aus, als ob sie nicht zu bewegen wäre.

Ich nannte diese Haltung »Der Esel«. Ich regte an, sie sollte von nun an bei der Arbeit den »Esel« spielen. Sie sollte genau der Esel sein, der sich in ihrer Haltung zeigte, der sich stur stellte und sich weigerte. Das machte sie auch. Stur um 17 Uhr stand sie auf, und alles, was man ihr kurz vor Arbeitsende gegeben hatte und nicht zu erledigen war, ließ sie einfach liegen. Schon bei der Annahme der Arbeit kündigte sie klar an, sie sei nur noch zehn Minuten da und würde entsprechend nur so viel erledigen und dann nach Hause gehen. Bald ließen sie die Mitarbeiter und auch der Chef mit solchen Aufträgen in Ruhe. Sie musste an ihrem Arbeitsplatz nicht mehr kämpfen. Es dauerte noch ein halbes Jahr, bis ihr tatsächlich gekündigt wurde. Zu diesem Zeitpunkt hatte sie ihren neuen Lebensplan bereit.

Komik – die Mechanik des Humors

Spiel, Komik und Humor erzeugen also nicht nur das Lachen. Ihre Existenz ist ein Zeichen dafür, dass das Leben formbar ist, dass der Alltag nur *eine* mögliche Realität ist und wir die Welt der Null in unseren Alltag hineintragen können.

Komik und Improvisation bedingen sich gegenseitig und liefern gleichzeitig Möglichkeiten und Anregungen für den Alltag, die uns aus der Schadenfreude und der Trägheit herausheben und uns an den Humor heranführen. Wenn wir unsere Gewohnheiten unterbrechen, kann sich das Leben ändern und unsere Freude daran gesteigert werden, statt dass wir uns ärgern. Hierfür können Sie einige wohlbekannte Mittel in Ihr Leben einbauen: Parodie, Verfremdung, Pantomime, Stilbruch, Verstärkung und Übertreibung.

Übertreibung ist die Grundform, Zugang zur Komik zu finden, aus der sich die meisten anderen Mittel ergeben. Sie können Ihre Suche nach der Brille als ein großes Drama inszenieren, das es sonst werden kann (bis Ihre Frau die Zeitung hochhebt, unter der sie liegt). Sie können sie suchen, auch wenn Sie sie nicht verloren haben, besonders dann, wenn sie Ihnen auf der Nase sitzt. Kinder lieben es, so zu tun, als ob sie nicht da wären und gesucht werden müssen, während die Eltern so tun, als ob Sie das Kind gar nicht sehen können.

Sie können die Zähne mit links bürsten, wenn Sie Rechtshänder sind (und rechts, wenn Sie Linkshänder sind). Stellen Sie einfach mal Ihre Gewohnheiten infrage, indem Sie Änderungen einführen. Gewohnheiten und Routinen bestimmen unsere Persönlichkeit und wie wir uns sehen. Der Linkshänder in Ihnen ist vielleicht nicht so sicher, aber es lohnt sich, ihn oder sie kennenzulernen.

Manche Therapeuten benutzen für streitbare Paare heute noch ungefährliche übergroße Schläger aus Schaumstoff. Aber auch so können Ehepartner einen Streit übermäßig führen und noch schlimmer machen, als er sonst schon wäre. Sie können zunächst aus einem sich immer wiederholenden Streit eine Parodie eines Streites oder ihres Streitens – mit den üblichen Argumenten und Gegenbeweisen – machen. Sie können statt verletzender Worte übertriebene Bezeichnungen füreinander finden und sich gegenseitig darin übertreffen. Es könnte ein Spiel werden und Spaß machen und sie aus der Kampfstimmung, in der es nur Gewinner und Verlierer gibt, herausholen, um dann klarzumachen, worum es eigentlich geht. Hier setze ich natürlich voraus, dass beide Partner ein Interesse an einem liebevollen Miteinander haben und nicht daran, sich gegenseitig zu verletzen. Ein Ehepaar, das ich kenne, sagt zum Beispiel immer »Banane«, wenn ein Streit sich der Kampfzone nähert.

Die Entfremdung, der (Stil-)Bruch und die Parodie sind Mittel, die Dinge durch Übertreibung noch deutlicher zu machen oder aus ihrem gewohnten Kontext herauszunehmen. Komik entsteht oft durch eine einfache Umkehrung der Rollen. Was normalerweise klein ist, wird ganz groß hervorgehoben und umgekehrt. Der Zirkus und der Jahrmarkt benutzen immer noch solche Gegensätze. Kleinwüchsige und übergroße Menschen hatten früher dort ein festes Auftreten. Heute gestaltet der »Cirque du soleil« großartige Reisen in die Welt der Fantasie, verbunden mit Clowns, Tanz und Artistik aller Art. Das macht uns bewusst, dass Sätze und bestimmtes Verhalten nicht in Stein gemeißelt sind. Pantomime kann die Gefühle oder das Erzählte unterstreichen. Ich liebe den »Gummibandeffekt« – heranziehen und dann loslassen, wenn es etwas gibt, das man gerne loshaben möchte. Das heißt die Spannung erhöhen und dann lösen.

Klagen Sie übermäßig, wenn etwas schiefläuft, besonders wenn Sie zum Klagen neigen. Klagen Sie auch dann, wenn es gar nichts zum Klagen gibt. Oder ärgern Sie sich übermäßig und finden Sie dazu auch noch Gründe. Spielen Sie etwas übermäßig »nett«, wenn Sie keine Lust mehr darauf haben. Wenn etwas nicht gelingt, loben Sie sich. Wenn Sie jemand kritisiert, bedanken Sie sich oder finden Sie noch mehr Fehler oder erfinden welche und verdammen Sie sich in Grund und Boden. Der Witz bläst auf und setzt Gegensätze zusammen.

Diese Art von Übertreibung, die ich lieber »Verstärkung« nenne, ist keine Parodie, sondern macht das noch stärker, was man sonst auch tut, ohne sich darüber lustig zu machen. Echte Komik ist immer ernst. Der Clown lacht selbst nicht, wenn er glaubt, dass er recht hat – er genießt es aber, wenn er verliert. Er macht dies bewusst so. Im Alltag glauben wir häufig, dass wir recht haben, und lachen dabei nicht. Recht haben ist immer komisch, außer für den, der glaubt, recht zu haben.

Die Nachahmung ist eine Form des Spielens und der Komik, indem wir uns Handlungen, Haltungen, Gesten, Gesichter, Aussprache, Erlebnisse und Geschichten merken und sie in derselben Art wiedergeben. Eine besondere Form des Nachahmens ist die Pantomime. Allerdings verbinden wir mit der klassischen Pantomime eine besondere Ausdrucksform, die nur Künstler beherrschen. Durch Nachahmen lernen wir gehen, uns verhalten, uns ausdrücken, sprechen … Wir brauchen dazu Vorbilder – die Eltern zum Beispiel –, und sie ahmen wir äußerlich und innerlich nach, bis wir sie »verinnerlicht« haben. Sie sind unsere ersten Rollenvorbilder, ob wir wollen oder nicht. Daneben gibt es natürlich noch viele andere Vorbilder. Wir übernehmen von ihnen Ideen und Ausdrucksweisen, bevor wir überhaupt darüber nachgedacht haben. Mit der Nachahmung verinnerlichen wir auch die innere Haltung. Bevor wir nicht etwas wirklich verinnerlicht haben, körperlich und seelisch, werden wir es nicht wirklich verstehen. Nachahmung ist also ein wesentlicher Teil des Lernens und Verstehens. Verstehen ist dabei nicht nur eine Sache des Verstandes, sondern zunächst einmal etwas Körperlich-Seelisches.

Das Nachahmen kann uns auch einen Zugang zum anderen verschaffen. Wenn wir ihn nachahmen, können wir »in seine Haut« schlüpfen: Wir fühlen uns in ihn ein. Wenn wir neben jemand sitzen, können wir seine Art annehmen und uns in seine Position hineinversetzen. Wir können seinen »Standpunkt« verstehen. Wenn wir merken, dass uns jemand nachahmt, verändern wir meistens die Position oder Haltung. Deshalb bietet sich das Nachahmen als ein gutes therapeutisches Mittel an, um zunächst den anderen zu begreifen oder ihn zu bewegen.

Die Triebfeder für die Nachahmung als Mittel der Null muss die Neugierde sein. Das heißt: Wir interessieren uns für das Denken, Fühlen und die Haltung eines anderen, uns fremden Menschen. Dies ist eine Form von Wertschätzung. Wir müssen nicht mit diesem Menschen und seiner Haltung einverstanden sein. Durch die Nachahmung gewinnen wir aber mehr Wissen darüber, wie es sich anfühlt, so zu sein. Wir haben mehr Möglichkeiten, Kontakt aufzunehmen. Wenn wir Kontakt aufnehmen, entsteht Austausch, und respektvoller Austausch begünstigt Veränderung.

Nachahmung kann auch eine Möglichkeit sein, ein neues Verhalten bei jemandem abzuschauen, der etwas gut kann. Sie stellt also ein Mittel dar, um bis dahin unbekannte Formen des Verhaltens auszuprobieren.

Alle Mittel, ob Pantomime, Gesang und Stimme, Spiel, Verkleidung, Theaterimprovisation, Tanz usw., sind als Anregung gedacht. Es geht nicht darum, sich daran zu messen. Talente können entdeckt und gefördert werden. Stellen Sie unpassende Bilder zusammen und beziehen Sie sie aufeinander. Stellen Sie Collagen zu bestimmten Themen her, die Sie ärgern oder übermäßig bewundern. Im Leben gibt es vieles, was bühnenreif wäre, wir müssen es nur als solches erkennen!

Wir können eine Fülle von komischen Möglichkeiten an uns entdecken. Gerade wenn etwas nicht klappt, können wir kreative Kräfte finden, eine Niederlage zu feiern, die uns dann wieder helfen, neue Kraft zu mobilisieren. Wenn wir unsere Voreingenommenheiten, unsere Niederlagen und Missgeschicke des Lebens genießen, haben wir weniger Angst vor Niederlagen und verlieren möglicherweise überflüssige Ängste. Denn Komik übt Vertrauen ins Leben.

Ohne Spiel gäbe es keinen Humor. Scherze, Witze, spontane, überraschende Einfälle und unterhaltsame, paradoxe Darstellungen sind Mittel, die Lachen, Freude, Spaß und Belustigung auslösen können, weil sie mit anscheinend festen Begriffen, Bildern und Haltungen anders umgehen als erwartet. Statt Erwartungen zu erfüllen oder zu enttäuschen, kann man einem Satz oder einer Bewegung eine andere Wendung geben – einfach so.

Die Komik bedient sich unserer Erwartungen oder bekannter Reaktionen und gibt einem Spiel einen unerwarteten Ausgang. Dies kann ganz einfach sein. Ein Baby kann schon lachen, wenn man ein Gesicht zieht oder wenn ihm etwas gefällt oder wenn es sich freut. Ein Dreijähriger lacht, wenn er »Popo« oder irgendein beliebiges Wort sagt, das anscheinend die Erwachsenen stört oder das diese nicht gerne in der Öffentlichkeit sagen. Hauptsache, er fällt damit auf und ärgert seine Mama damit. Für ihn ist die Situation komisch wegen der Reaktion seines Publikums – seiner Eltern –, die entzückt oder leicht schockiert sind. Kinder lachen auch oft, wenn etwas aufgeblasen wird und kaputtgeht, Jugendliche, wenn einer anders aussieht, etwas nicht schafft, nicht »cool« genug ist oder wenn sein Roller nicht funktioniert.

Spiel und Komik im Alltag entdecken

Um solche Mittel im Alltag anzuwenden, bedarf es einer besonderen Haltung, und zwar allem mit Neugierde und Interesse zu begegnen: Menschen und deren Verhalten und Äußerungen, Bäumen, Tieren, Gegenständen. Es geht darum, Dinge zu beobachten und genau zu registrieren, ohne sie zu bewerten. Die Spielmöglichkeiten, die das Leben bietet, müssen eine Sinn haben, gerade weil das Spiel Teil unserer Lebendigkeit ist.

Manche Menschen sind im Leben in gewisser Weise Clowns, ohne es zu merken. Ihr Auftreten zeigt, dass sie mit den Anforderungen des Lebens oder ihrer Umwelt nicht zurechtzukommen. Sie kümmern sich nicht so sehr um ihr Aussehen, ihre Kleidung sitzt nicht richtig und ist unmodern. Oder sie haben besondere auffällige Ticks und gelten bei anderen als »Lachnummern« und »komische Käuze«. Sie werden direkt oder indirekt ausgelacht, gerade weil ihnen ihr Auftreten nicht bewusst ist und sie es nicht korrigieren. Dies ist ein Lachen aus Schadenfreude. In unseren täglichen Geschichten und gelernten Haltungen und Programmen steckt auch deshalb eine Urkomik, weil jedes Programm per definitionem eine begrenzte Sicht hat und wir es nicht merken.

Das kann eine traurige Nummer werden, die ich »Drama« oder »Teufelskreis« nenne (siehe das Kapitel » Teufelskreise«). So etwas erlebt jemand, der in einem Dilemma steckt, aus dem er allein nicht herauskommt und aus Verzweiflung alles Mögliche probiert, was seine Situation aber nur schlimmer macht.

Ein Beispiel: Jemand vermisst den Kontakt zu anderen Menschen so sehr, dass er jeden beliebig anspricht, ohne ein bestimmtes, wirkliches Interesse an demjenigen zu haben oder ohne wirklich willkommen zu sein. Er wird aus Höflichkeit nicht gleich schroff abgewimmelt und macht deshalb weiter. Je abweisender jedoch das Verhalten des anderen wird, umso mehr versucht er weitere Themen zu finden, die das »Gespräch« nicht abbrechen lassen. Bis der andere zu guter Letzt ausfällig wird und der Unglückliche sich richtig abgewiesen fühlt.

Wer in seinem Leben besonders komisch wirken will und die Menschen mit seinem Verhalten herausfordert, kann sicherlich ein natürlicher »Till Eulenspiegel« sein, der bewusst die Konsequenzen seines Handelns trägt. Oft ist dies aber Ausdruck einer Angst, Menschen direkt zu begegnen.

Wir merken gar nicht immer, wie oft wir im Alltag das Talent zeigen, spielerisch mit Gegenständen, Mimik, Worten oder Bewegungen umzugehen. Neulich sah ich im Supermarkt eine Frau, die einfach Grapefruits hochwarf und wieder fing, vielleicht um sie zu testen. Ich hatte den Eindruck, sie tat das aus reiner Freude. Ich lächelte sie an und sie lächelte zurück. Ich singe oft im Supermarkt und werde immer wieder an der Kasse gefragt, ob ich im Lotto gewonnen oder Geburtstag hätte. Der bekannte Clown Patch Adams erzählte einmal, dass er im Supermarkt Kunden bittet, ihm Salatköpfe in seine übergroße Hose zu stecken. Wenn sie aber aus Übermut zu viele Salatköpfe hineinstecken, bittet er sie höflich, mit ihrer Hand wieder ein oder zwei Köpfe aus der Hose herauszuholen.

Aufmerksam für die Möglichkeiten des Spiels und der Komik im Alltag zu sein, fördert eine humorvolle Haltung und die Entdeckung der Null im Alltag.

Den Körper spüren wir als Erstes. Es besteht viel Komik darin, dass wir jedoch immer wieder versuchen, alles, was unseren Körper oder unser Aussehen betrifft, zu übersehen oder zu ignorieren. Das ist zugleich tragisch, denn viele Menschen haben große Mühe damit, gesellschaftlichen Schönheitsidealen zu entsprechen. Die Mühe und Kosten, die manche auf sich nehmen, ihr Aussehen zu verändern und dadurch ihr Selbstwertgefühl zu steigern, haben heutzutage bedenkliche Ausmaße erreicht. Ob die Seele mit dem neuen Aussehen mitkommt? Ob der Mensch dann noch echt ist? Welche Ideale setzen wir uns eigentlich? Was sehen wir überhaupt als Schönheitsfehler an? Mir ist das eine Frage wert und die Antworten sind oft tragikomisch. Wenn wir über die Absolutheit und Vergänglichkeit dieser Ideale lachen könnten, könnten wir uns auch davon lösen und uns mehr Freiraum schaffen. Viele Komiker sind von Natur aus nicht besonders »schön« im gesellschaftlich anerkannten Sinne, oft eher das Gegenteil. Sie nutzen dies häufig, um sich Freiraum durch die Komik zu geben und wiederum gesellschaftliche Akzeptanz zu finden.

Wir sind oft überrascht, wenn eine Botschaft bei anderen anders ankommt als beabsichtigt. Das Gegenüber hört zwar, was wir sagen, merkt aber am Gesichtsausdruck oder am Ton, dass etwas mit der verbalen Äußerung nicht übereinstimmt. Unser Gegenüber sieht und erlebt uns von außen. Wir erleben uns von innen und bekommen nur die Reaktionen des anderen mit, die wir wiederum sehen und interpretieren können. Oder wir bringen die Reaktionen des anderen gar nicht mit einer Reaktion auf unsere Haltung oder Stimme in Verbindung. Wir sagen auch nicht immer alles, was wir denken, oder verraten nicht absichtlich, was wir fühlen. Dennoch kann unser Gegenüber Abneigung spüren, selbst wenn wir lächeln und einem Vorschlag zustimmen. Oder wir lösen gemischte Reaktionen aus und wissen nicht, warum.

Der Körper spiegelt unsere innerpsychischen Vorgänge wider. Verdrängte Konflikte können zu medizinisch diagnostizierbaren (psychosomatischen) Symptomen führen. Mit ihnen zu arbeiten, um die Konflikte bewusst zu machen und sie durchzuarbeiten, gehört in den Bereich der Psychotherapie. Auch hier findet der Humor Eingang, denn die Art, wie wir versuchen, mit unserer inneren Not klarzukommen, kann viel Komik enthalten, wenn wir die Situation von außen betrachten und in einen anderen Zusammenhang stellen können. Die Fähigkeit zum Humor setzt eine bewusste Aufmerksamkeit und Ehrlichkeit voraus. Humor ist auch eine Voraussetzung für seelische Gesundheit, denn sie schließt die Fähigkeit ein, sich so zu nehmen, wie man ist.

Risiko, Routine und Rollen – Lust am Scheitern?

Der Umgang mit Schwächen

Ein Clown zu sein heißt auch, das Lachen eines Publikums gerade dadurch zu erzeugen, dass man seine eigenen Schwächen, Misserfolge und sein Scheitern zur Schau stellt. Warum? Weil die meisten Menschen über Schwächen und Missgeschicke lachen – über die von anderen. Der Clown dagegen stellt sich bloß, nicht andere. Er erinnert uns auch an uns selbst, denn wir würden uns sonst ungern unsere eigenen Schwächen eingestehen: Wir glauben zu wissen, wie andere unsere Schwächen sonst gegen uns ausnutzen.

Kinder lieben Clowns hauptsächlich deshalb, weil sie sich verstanden fühlen. Sie selbst werden oft als Clowns gesehen, da sie auch nicht alles können, klein und auf die Hilfe anderer angewiesen sind. Sie machen Fehler, ihnen werden die meisten Fehler aber verziehen, eben weil sie Kinder sind und »es noch nicht besser wissen«. Kinder leben auch in einer »magischen« Welt, in der sie meistens die Hauptrolle spielen. Die Welt, die Gegenstände, die Tiere und Menschen leben in Beziehung zueinander, wie es bei unseren Urvorfahren wohl der Fall gewesen ist. Diese lebten in der Natur, waren ein Teil von ihr und sprachen mit ihr. Sie stellten sich Fragen, wie alles zusammenhängt und welche Rolle sie im großen Ganzen spielten.

Kinder sind noch nicht – wie Erwachsene – in den Rollen ihrer Familie und ihrer Kultur festgefügt. Sie lernen erst. Ein Erwachsener, der zur Welt des Kindes die Verbindung verliert, schneidet sich von der Magie und den vielen Möglichkeiten im Leben ab. Er schneidet sich von dem Gefühl ab, Teil von allem zu sein. Er glaubt, in einer bestimmten Weise sein zu müssen, damit er in die jeweilige Gesellschaft hineinpasst und dort eine Rolle spielt. Er wird ein »ernsthafter« Mensch, der keine Fehler machen darf.

Die Fähigkeit, Fehler zuzugeben und uns und anderen Fehler zu verzeihen, zeigt, dass wir Humor haben. Im Zirkus lachen wir über den Clown, wenn er etwas tut, was er nicht soll oder wenn er etwas sagt und gleichzeitig das Gegenteil davon tut. Im Alltag aber ärgern wir uns über ein solches Verhalten. Wir sehen nicht, dass dieses Verhalten einfach zu unserem normalen Leben gehört. Wir wollen immer recht haben, weil wir vermuten, ungerecht behandelt zu werden, falls wir etwas zugeben, was nicht sein sollte. In dieser Art sind wir noch wie Kinder. Allerdings haben wir die Unschuld der Kinder verloren.

Offenheit und Ehrlichkeit stellen diese Unschuld immer wieder her. Es ist ein Grundbedürfnis der Null, in uns authentisch zu sein und eine bessere Grundlage für jede Beziehung und Zusammenarbeit zu schaffen. Dazu gehört es, Fehler und Schwächen zuzugeben. Wenigstens vor sich selbst.

Routinen, Brüche und die Freiheit, Fehler zu machen

Dass die Dinge nicht so laufen, wie wir es wollen, dass aber vieles in der richtigen Weise läuft, wenn wir keine besondere Absicht verfolgen, hat sowohl in der Tradition des Narren wie auch beim Clown seinen Platz. Den Gegensatz zwischen der Routine und dem Einfall aus dem Moment habe ich schon angesprochen. Der Gegensatz zwischen Vernunft und Gefühl beziehungsweise zwischen dem Ernst und der Lust kann überbrückt werden: Beide Aspekte können zusammenarbeiten, wenn sie sich gegenseitig respektieren.

Verkörpert wird dies unter anderem in der Tradition des weißen Clowns und des dummen August. Der weiße Clown weiß immer Bescheid und ist immer damit beschäftigt, gut auszusehen, das Richtige zu machen. Gerade weil er in allem perfekt sein will und alles »besser weiß«, ist er ein Clown. Er steht im Gegensatz zum dummen August, der nach seinen Instinkten lebt und dauernd »Fehler« macht. Man weiß aber auch nicht, ob er sie gezielt macht, um den weißen Clown zu ärgern. Man könnte auch vermuten, dass der weiße Clown nur deswegen keinen Fehler machen will, weil er Angst vor den Folgen hat, wenn er sich einmal gehen ließe. Das könnte auf manche von uns auch zutreffen: Wer auf keinen Fall einen Fehler machen will, macht oft alles richtig, übersieht aber alles, was nicht zu seinem unmittelbaren Bereich gehört.

Natürlich kann ein solches Clownspiel ebenfalls zur Routine werden. Im Englischen spricht man von »routines«, sprich »Nummern«, und Clownschüler suchen überall nach »ihrem« Clown und »ihrer« Nummer. Wenn aber eine Nummer zur Routine wird, so verliert sie die Komik. Wenn der Clown Angst hat, Fehler zu machen, dann ist er genauso gehemmt und eingeschränkt wie jeder andere auch.

In der Commedia dell'arte – die italienische Bühne des Mittelalters, der die Figuren Harlekin, Columbina, Pantalone, Brighella und Capitano entstammen – spielt die Improvisation die entscheidende Rolle. Die Rollen sind festgeschrieben, sogar die Bewegungen, die Halbmasken und die Kostüme sind vorgeschrieben. Was aber geschieht, hängt von der Improvisationskunst der Künstler ab. Auch »Improvisationstheater« oder »Theatersport« schafft seine eigenen Klischees und Wiederholungen. Frisch wird das Spiel erst, wenn etwas »schiefläuft«, wenn der Spieler »aus dem Augenblick und dennoch in der Rolle« reagieren muss. Bei der Commedia warteten alle auf den Lapsus, den Fehler, der dem Spiel einen neuen Impuls gab. Dem Publikum, also uns, gefällt es am besten, wenn etwas schiefläuft und der reibungslose Ablauf gestört wird, es sei denn: Es trifft uns selbst! Auch alte Witze lieben wir, wenn sie aus der Situation heraus mit Frische und Spontaneität wieder auferstehen. Ohne diese Fähigkeit bleibt alles fad wie manches Amateurtheater, bei dem nur komisch ist, dass die Spieler hölzern schauspielern und dabei meinen, so lebendig zu sein.

Improvisation wurde zu einem Grundmerkmal meiner Arbeit. Die Regel »Es gibt keine Fehler« hilft mir sowohl bei der Arbeit wie bei meiner Lebensgestaltung. Ich stellte früh fest, dass ich immer froh war, wenn etwas schieflief. Ich konnte dann im Lachen des Publikums weiterspielen und noch mehr »Fehler« machen. Dann hatte ich keine Hemmungen, mich zu zeigen. Ich brauchte die Verbundenheit, die ich fühlte, wenn alle lachten. Mir war dabei immer klar, dass das Publikum mit mir lachte und nicht über mich. Dieses Prinzip auf mein Leben zu übertragen, dauerte etwas länger beziehungsweise führte zu vielen Narrensprüngen, die oft einen Bruch mit dem bedeuteten, was ich vorher tat oder wie ich es tat.

Das Arbeits- und Familienleben besteht zu einem großen Teil aus Routinen. Für einen Handwerker sind Routinen für seinen Arbeitsablauf sehr wichtig. Wenn Sie etwas auseinandergeschraubt und vergessen haben, wo Sie die Schrauben hingelegt haben oder wo die Teile wieder hingehören, dann wissen Sie Routinen zu schätzen. Wenn Sie sich aber an eine Routine gewöhnt haben, kann es passieren, dass Sie nicht ganz bei der

Sache sind und einen Fehler machen. Das wird Sie ärgern oder aufrütteln.

Wir leben alle in Routinen, in vertrauten Räumen und Lebensräumen. Wir gestalten sie und gewöhnen uns daran. Wir haben unsere Gründe, den Arbeitsplatz, den Tagesablauf, den Lebenswandel insgesamt auf eine bestimmte Weise zu gestalten. Dies gibt uns Sicherheit und beruhigt uns gleichzeitig. Wenn wir in eine Routine hineinwachsen, passen wir uns ihr an. Die Routine zu unterbrechen und etwas anderes zu tun, kann sowohl etwas »frische Luft« in das Leben bringen als auch eine Form von Entspannung sein.

Wenn etwas schiefgeht, kann das ein Hinweis darauf sein, dass etwas nicht mit unseren Routinen in Ordnung ist. Ich hatte eine Zeit, in der ich einige Unfälle verursachte, die mich aus einer bestimmten Art zu denken wachrüttelten. Unser Gesamtverhalten und all unsere Reaktionen können zur Routine werden. Suchtverhalten ist eine Routine, die zu vielen Brüchen führen kann. Das Schwierigste scheint bei der Sucht zu sein, überhaupt zuzugeben, süchtig zu sein und die Kontrolle verloren zu haben. Viele Menschen bilden sich lieber ein, ein Zusammenbruch – gleich welcher Art – sei nur ein »Betriebsunfall«, eine einmalige Sache, die keine Bedeutung hat und bald vorbei sein wird. Sie sehen ungern die Routine, die dahintersteckt, in die der- oder diejenige zurückfällt, sobald die Krise vorbei ist. Wenn der Aufruhr vorüber ist, warum dann noch schreien?!

Ich sehe hier auch eine Parallele zum Umgang mit der Vergangenheit. Vergangene Krisen, Katastrophen und Fehler werden lieber geleugnet, beschönigt oder verteidigt, statt dass man genauer anschaut, was dazu geführt hat. Es gibt viele Menschen, die viel zu stolz sind, einmal zuzugeben, Hilfe zu brauchen, auch wenn sie in schwierigsten Lebensbedingungen ausharren und Hilfe möglich wäre. Wir halten gern unsere Lügen aufrecht, ebenso unsere Widersprüche und unser Unwissen.

Dies ist nicht zum Lachen – und es soll auch keiner wagen, sich darüber lustig zu machen.

Fehler und Brüche zeigen uns die Grenzen auf – und das ist gut so! Wir brauchen Grenzen, wenn wir uns oder anderen schaden und dies nicht zugeben wollen. Es ist zunächst oft demütigend oder unbequem, sich diese Grenzen einzugestehen. Es gibt Bestrebungen, unser Leben möglichst perfekt und »rund« zu machen, dass es uns Angst macht, wenn das wirklich gelingen sollte. Unsere technischen Möglichkeiten erlauben auch die Erfüllung von Wünschen, die nur Ausdruck eines Hochmuts sind, besonders wenn es darum geht, wer in einer Gesellschaft erwünscht ist und wer nicht. Wenn wir aber den Wert von Demut für uns erkennen, werden wir neu anfangen können und uns an dem Freiraum erfreuen, den ein Neufang ermöglicht. Manchmal benötigt das einen Bruch, gar einen Zusammenbruch.

Man fragt sich oft: Warum passiert dies oder jenes? Warum gibt es Krankheit? Warum werden wir alt und sterben? Warum ist mein Kind behindert? Warum werden Kriege geführt? Wir sind gut darin, globale Fragen zu stellen, die wir nicht beantworten können oder auch nicht wollen. Ich meine, dass sich vieles verhindern ließe, nur würde es von uns allen mehr Engagement erfordern, als wir bereit sind zu zeigen. Manches Weltgeschehen nehmen wir deshalb hin, »weil es schon geschehen ist« oder weil es »zu spät« ist, und bei vielem können wir allein tatsächlich nichts ausrichten.

Selbst wenn alles im Leben perfekt laufen würde, glaube ich, dass wir doch hin und wieder einen Wechsel brauchen. Vielleicht gibt es gerade deshalb die Tradition des Narren, weil jede Kultur spürt, dass selbst die beste Ordnung eine Pause braucht, um sich zu erneuern, oder gar der Brüchigkeit und dem Unperfekten einen Platz gibt.

Wenn die Dinge nicht so laufen, wie wir es wollen, können wir uns darüber ärgern. Wenn wir sehen, dass die Dinge bei anderen nicht laufen, freuen wir uns dagegen oft genug, denn endlich sehen wir, dass andere auch ihre Probleme haben. Diese Schadenfreude gehört zu der Art Humor, die uns von anderen trennt und abhebt ohne Mitgefühl. Diese Art der Freude gibt uns eine vermeintliche Sicherheit, dass »mir so etwas nicht passieren würde«.

Manchmal ist es aber eine richtige Befreiung, wenn etwas nicht funktioniert und unsere eigenen Pläne nicht funktionieren.

Am Ende meiner allerersten Ausbildungsgruppe konnte eine Teilnehmerin trotz aller Bemühungen keine Clownfigur finden. Sie war sehr bemüht, sich auf jede dramatische Darstellung einzulassen. Es gelang ihr aber nicht, uns wirklich zum Lachen zu bringen – und vor allen Dingen nicht, sich selbst wirklich zu treffen, was ich als Grundlage für Humor und das Clownspiel halte: die Bereitschaft, sich treffen zu lassen. Sie fand die Figur deshalb nicht, weil sie sich so redlich abmühte und sie nicht sehen konnte, dass gerade dieses Bemühen, an dem sie jedes Mal scheiterte, den Schlüssel zu ihrer Figur bedeutete. Ich hatte bis dahin auch keine Form oder keinen Weg gefunden, sie dahin zu bringen oder eine Aufgabe so zu formulieren, dass sie sich treffen würde.

Ich wusste also selbst nicht weiter, aber ich wartete auf die richtige Gelegenheit. Beim letzten Treffen – einen Tag vor dem Auftritt, sie hatte immer noch keine Figur – fand ich die zündende Aufgabe: einen spontanen Abend mit ihrem Liebhaber von Anfang bis Ende zu planen und zu organisieren.

Sie war sofort begeistert und wusste genau, was zu tun war. Denn: So war ihr Alltag auch! Sie brauchte deshalb keinen Text, kein Skript – sie gestaltete diesen Abend mühelos, mit allem, was so einen Abend ausmacht. Dazu gehörte Musik, um die »richtige« Stimmung zu erzeugen, und ein Menü, bei dem ihr Liebhaber mitentscheiden sollte, welches Dressing der Salat bekäme. Sie hatte aber schon das richtige Dressing zurechtgelegt, weil sie genau wusste, welches er wählen würde. Sie bereitete Trommeln vor, um eventuell gemeinsam Musik zu machen, und einen flauschigen Teppich, falls sie es sich miteinander bequem machen würden. Sie legte das richtige Parfüm bereit und Anweisungen zur Massage, falls er sie massieren wollte, zusammen mit Hinweisen auf bestimmte Druckpunkte, nur als Vorschlag … und so weiter und so fort.

Der Abend war so durchdacht und durchorganisiert, dass jeder Liebhaber sofort das Weite suchen würde! Sie gestaltete mit Lust das eigene Scheitern und fand erfolgreich ihre Clownfigur, aus der wir ein Stück machten, das eine große Komik erzeugte und viele zum Lachen brachte, auch wenn der Hintergrund doch ein trauriger war. Denn als sie durchspielte, wie sie den unsichtbaren Liebhaber fragte, ob er denn mit ihr fürs ganze Leben zusammenbleiben würde, erreichte sie einen Punkt, an dem sie einen Partner brauchte, der selbst entscheiden konnte. Es hätte keinen Wert für sie, selbst für ihn Ja zu sagen. Es müsste doch ein wirklicher Mann mit einem freien Willen sein, und sie hatte so viel Sehnsucht danach, dass sich ein Mann für sie entscheiden würde – für die Figur wie für die reale Frau. Das war ein berührender Moment, ein entscheidender Moment, ein dramatischer wie auch komischer Moment am Ende des Stücks, dem wir eine komische Wendung gaben: Sie rief den nächsten »Liebhaber« an, um den nächsten Abend noch »besser« planen zu können.

Das Eingeständnis meines Scheiterns, mit dieser Frau zu arbeiten, half mir am Ende, das richtige Thema und die richtige Szene für sie zu finden. Die Frau selbst wurde durch diese Geschichte und durch ihre eigene Begeisterung, alles zu planen, mit der eigenen Hilflosigkeit konfrontiert. Gerade deshalb fühlte sie sich zu Hause. Sie fühlte sich gesehen, und sie konnte nicht nur diese Szene erarbeiten, sondern war bereit, an einem Clowntheaterstück zu arbeiten, das sowohl ein würdiger Rahmen für ihr schauspielerisches und komisches Talent wurde als auch eine Herausforderung für ihre persönliche Entwicklung. Durch dieses Stück konnte sie sich viel besser auf ihre Spontaneität einlassen und der Prozess eines Wandels wurde eingeleitet.

Wir kommen uns oft erst viel näher, wenn wir anscheinend am Boden sind. Erst dann sind wir (eventuell) bereit, uns auf notwendige Schritte und Konfrontationen einzulassen. Erst in dieser Bereitschaft liegt oft unser Glück, nicht in der Meidung unangenehmer Wahrheiten. Die Frau in diesem Beispiel war bereit, ihre ungeliebte Seite – die ihr und ihrer Umgebung das Leben so schwer machte – zu umarmen. Durch diese Offenheit und ohne vorher alles bestimmen zu können, öffnete sich ein neuer kreativer Weg für sie, sowohl beruflich als auch privat.

Im Umgang mit anderen Menschen kann gerade die Lücke weiterführend sein, in der ich zunächst nicht weiterweiß, was ich sagen oder was ich tun soll, oder was die Beziehung überhaupt zulässt. Oft füllen wir die Lücke des Schweigens mit einem Satz nichtssagender Worte, weil wir uns verlegen fühlen und meinen, etwas sagen zu müssen. Worte können aber verhüllen statt enthüllen. Eine gefühlte Leere erlaubt Beziehung, ein leeres Wort zerstört sie. Stattdessen könnte in diesem Nicht-Wissen eine Antwort liegen: Es könnte zum Beispiel ein Gefühl sein, das ich mir nicht erlaube, oder ein Wunsch, den ich nicht zu äußern wage.

Als Clown auf der Bühne ist es oft nicht angebracht, etwas Besonderes zu tun. Manchmal ist es sogar genial, berührend oder besonders komisch, in einem lustvollen Widerspruch ganz einfach dazustehen. Dabei gibt man dem Publikum die Chance, die Vielfalt der Gefühle mitzubekommen, die sich im Gesicht des Clowns abspielen.

Als Redner braucht man die Pause, damit die Worte und Bilder ihre Wirkung entfalten können. Im Alltag verlangen wir oft von uns selbst, sofort eine Antwort parat zu haben. Wir brauchen auch dafür oft eine Pause. Gerade wenn wir nicht danach suchen, kann sich eine Antwort zeigen, die uns überrascht.

Es geht hier also um die Bereitschaft, Neues, uns Unbekanntes zu entdecken, über unsere bisherige Erfahrung, über unser Wissen hinauszugehen. Aus dieser Haltung entsteht eine andere Art von Wissen (im Gegensatz zu einem Faktenwissen), ein lebendiges Wissen, das mit Handeln und Fühlen verbunden ist. Nicht nur bei der Arbeit oder beim Lernen, auch im Umgang mit anderen Menschen, mit uns selbst und mit allerlei Situationen des täglichen Lebens können wir spielerisch handeln. Das wird aber erst dann möglich, wenn wir aufhören, alles vorher wissen und bestimmen zu wollen. Wenn wir offen dafür sind, Lücken zu lassen und sie direkt zu erfahren, und wenn wir bereit sind, Risiken einzugehen und uns dem Zufall auszusetzen. Hier kommt die Welt der Null zur Geltung und jubelt.

Wünsche erfüllen – eine Übung für den Alltag

Sich die Erlaubnis zu geben, ohne die Kritik oder Zensur durch die eigene oder fremde »Vernunft« die eigenen Bedürfnisse wahrzunehmen, ist eine wesentliche Voraussetzung, für die eigene Zufriedenheit zu sorgen. In Kursen gebe ich Raum dafür, »Wünsche« zu erfüllen, besonders im Sommer- und im Jahreskurs. Seit Kurzem biete ich jährlich auch ein »Clowncamp« an. Meine Intention ist dabei, einen Rahmen zu schaffen, sich über die eigenen Wünsche klar zu werden und erste praktische Schritte für die eigene Zufriedenheit zu gehen.

Die Stärkung unseres Humors ist mit der Erfüllung von Wünschen verbunden. Wünsche motivieren uns. Wenn wir unsere Wünsche abstellen, stellen wir uns selbst ab. Unser Wunsch nach einem Partner oder nach einer Partnerin, unsere Wünsche an eine Beziehung, unsere Wünsche an den Beruf, die Wünsche, die wir als Kind hatten, aber nie erfüllt werden konnten oder durften – all diese Wünsche können nicht in Erfüllung gehen, wenn wir sie nicht als Wunsch erkennen und wenn wir sie nicht äußern. Wir können nicht immer davon ausgehen, dass andere unsere Wünsche von sich aus erfüllen. Wenn wir sie nicht formulieren und ausdrücken, werden sie unsere Wünsche nie erfahren.

Ob sie diese Wünsche erfüllen können oder wollen, wenn wir sie äußern, bleibt dennoch offen. Auch hier müssen wir das Risiko eingehen, mit dem Äußern unserer Wünsche zu »scheitern«, eben weil sie nicht erfüllt werden. Oder wir scheitern deshalb, weil wir sie nie geäußert haben, vielleicht nicht einmal uns selbst gegenüber. Das Scheitern ist schon vorprogrammiert, wenn wir den Wunsch deshalb nicht äußern, weil »er eh nicht realisierbar ist« oder weil wir doch »keine Zeit dazu« haben. Damit stellt sich die Frage, ob wir nicht mehr Gewicht darauf legen, den Wunsch unmöglich zu machen, statt den Weg zur Erfüllung durch Offenheit, Geduld und Nicht-Wissen zuzulassen.

Deshalb lasse ich Wünsche aufschreiben und spielerisch inszenieren. Eine Kursteilnehmerin will zum Beispiel auf einem Elefanten reiten. So machen sich die anderen zum Elefanten und tragen sie durch den Raum. Viele machen miteinander »Weltreisen«. Ich finde es auch erstaunlich, wie viele Erwachsene sich über Schlammschlachten freuen, besonders wenn sie als Kind nie dreckig sein durften. Solche Beispiele sind eine Art »Nachholen«.

Viele Erwachsene scheuen sich, ihre Wünsche aufzuschreiben, besonders wenn sie über eigene Grenzen gehen oder innere Tabus brechen. »Geheime Wünsche« können auch unerfüllte Kinderwünsche sein, und es könnte ein »Tabu« sein, sich als Kind anzusehen, wenn man doch schon längst »erwachsen« ist. Es gibt viele Formen, sich Wünschen anzunähern, die zunächst nicht erfüllbar erscheinen. Besonders hilfreich ist es, einem vertrauten Menschen davon zu erzählen, auch wenn das zunächst eine große Hürde sein mag. Hier ist möglicherweise eine Reihe von Narrensprüngen notwendig, bis zu dem Punkt, an dem Sie den Wunsch jemandem gegenüber aussprechen oder einen Wunsch in die Tat umsetzen.

Ich lasse oft ein Bild für die Wünsche oder Bedürfnisse malen, wenn es nicht möglich ist, sie in Worten zu formulieren oder wenn jemand nur ein vages Bild davon hat. Bilder in Bewegung umzusetzen oder zu inszenieren, ist manchmal einfacher, als sie in Worte zu fassen. Erst nach dem Spiel wird der Wunsch oft klarer. Wenn das Bedürfnis einmal »draußen« ist, drängt es auf Erfüllung und lässt einen nicht mehr in Ruhe. Dann kommt die Frage nach dem Wie. Auch das lässt sich durchspielen, bis sich konkret ein möglicher Weg zeigt.

Malen Sie deshalb Ihre Wünsche, schreiben Sie sie auf oder finden Sie eigene Wege, sie zum Ausdruck zu bringen. Machen Sie sich eine Liste und beginnen Sie noch heute, die einfachsten Wünsche umzusetzen.

Ich glaube, wir können uns nur wirklich fürs Leben begeistern, wenn wir es in uns spüren – aber auch, wenn wir erleben, dass wir unsere Wünsche tatsächlich umsetzen können. Ohne Begeisterung fürs Leben werden wir uns sicherlich nicht glücklich fühlen. Wenn Sie aber damit anfangen, werden Sie schon davon begeistert sein, dass Sie angefangen haben. Und Sie werden merken, wie Sie mehr Humor entwickeln.

Die Prägung und der Ernst der Maske

Wo das Lachen aufhört oder: Die Aggression hinter dem Lächeln

Vor einigen Jahren erhielt ich eine Postkarte. Darauf ist eine Wüste abgebildet, in der ein Männchen im Citydress seinen Weg geht. Wir sehen durch die Fußstapfen im Sand, dass er schon einen Weg zurückgelegt hat, an einer bestimmten Stelle angekommen ist und dort kehrtgemacht hat. An dieser Stelle steht ganz groß ein Schild mit der Aufschrift: »Hier hört der Spaß auf!«

Auffassungen von Grenzen, von Moral und Ethik sind unterschiedlich. Irgendwann aber hört der Spaß tatsächlich auf und der Ernst beginnt. Wir ziehen meistens an irgendeiner Stelle eine Grenze, an der wir sagen, dass es ernst wird oder dass es uns ernst ist. An welchem Punkt das geschieht, wird immer sehr unterschiedlich sein. Wann jemand »stopp« sagt, hängt ganz von der Person ab. Müssen wir aber überhaupt eine Grenze ziehen? Oder sind wir sonst grenzenlos?

Wie weit ein Einzelner es wagt, über die eigenen kulturellen Grenzen zu gehen, wird ebenfalls sehr unterschiedlich sein. In jeder Kultur gibt es eine spezielle Definition und ein besonderes Gefühl dafür, was Sinn macht und wo die Grenzen einer Person liegen. Innerhalb dieser Grenzen ist der Sinn für Humor eine sehr intime Angelegenheit, den man ganz erfassen muss, um dazuzugehören. Von außen kann man diesen Sinn nicht unbedingt verstehen. Diese Grenzen bei sich und bei anderen kennenzulernen, ist eine wichtige Voraussetzung, um Wertschätzung zeigen zu können.

Was Menschen wertschätzen in der Begegnung mit anderen, ist vielleicht überall gleich. Dazu gehört sicherlich die Freundlichkeit und Ehrlichkeit. Woran wir Freundlichkeit und Ehrlichkeit aber genau erkennen, kann stark differieren. Ebenso das, was wir für witzig halten und worüber wir lachen.

Humor aus der Null heraus hat auch zwei manchmal gegensätzlich anmutende Varianten, die schon seit langem durch zwei »symbolische Figuren« repräsentiert werden: durch den Clown und den Narren. Der Clown ist der Spieler, der uns durch seine Spiele und Possen zum Lachen bringen will, damit wir zusammen sind und uns gut fühlen, damit wir Spaß haben und unsere Sorgen vergessen. Wir verbinden mit ihm die rote Nase und die kindliche Lust am Spiel. Das Lachen, das er erzeugen will, verbindet, erfreut und befreit. Er beeinflusst unsere Stimmung, indem er sein Spiel auf unsere Gefühle ausrichtet.

Der Narr dagegen stellt die Wahrheit, die Wahrheitssuche und die Freiheit an die höchste Stelle. Seine Frage ist: Was stimmt (hier) wirklich? Was ist wirklich? Und wer sagt das? Und wer bin ich, der das sagt? Er stellt durch sein Spiel grundsätzliche Fragen an unsere Ehrlichkeit und an die Ehrlichkeit derer, die behaupten, sie wüssten, was wahr und richtig und was falsch ist und wo die Grenzen zu ziehen sind. Er stellt die Absolutheit infrage. Er bezieht sich auch auf den Intellekt und auf die Sinnfrage.

Diese beiden Kategorien »Clown« und »Narr« überschneiden sich in der Praxis derart, dass es manchmal nicht leicht ist, den Unterschied zu erkennen. Beide Kategorien entsprechen aber zwei Grundbedürfnissen von uns: erstens zu lachen und sich zu freuen und zweitens Sinn und Richtung im Leben zu erkennen und uns danach zu richten. Der Narr und der Clown verweisen sowohl auf die Möglichkeiten, auf den freien Raum, über den wir als Menschen verfügen, als auch auf unsere Begrenztheit, dass wir fehlbar sind, dass unser Leben meistens Brüche aufweist, dass wir verletzbar sind. Beides gehört zum Leben. Gemeinsam ist Clown und Narr, dass sie unsere Lebendigkeit an die erste Stelle setzen.

Wenn uns Clown und Narr provozieren oder uns durch unser Spiel über uns selbst zum Lachen bringen, kann das eine ausgleichende Wirkung haben. Wir können dann erkennen, dass wir nicht so »schlimm« sind, wie wir gedacht haben, wir können aber auch darauf hingewiesen werden, dass wir nicht immer recht haben, wie wir so oft denken. Wir können erkennen, dass wir viel zu viel denken und zu wenig leben und handeln.

Von daher nutzt gerade der Narr auch Spott und Hohn, Ironie und Sarkasmus als Mittel zu diesem Zweck und kann die Leute ärgern oder überhaupt als Ärgernis auftreten. Dem Narren wird auch nachgesagt, dass er im Mittelalter dem König (als Einziger) die Wahrheit sagen konnte. Damit ist die Hoffnung verbunden, dass der jeweilige Repräsentant der Macht auch eine Begrenzung erfährt. Historisch ist das zwar nur zum Teil richtig, literarisch und in unserer Vorstellung begeistert uns das aber.

Ich bin in England aufgewachsen und das, was man in Deutschland oft »schwarzen Humor« nennt, ist nach meinem Empfinden eine Neigung, sich über alles lustig zu machen, was aus »englischer Sicht« blödsinnig und unsinnig, unfair, ungerecht, aufgeblasen und schlichtweg »falsch« ist. Ich bin mit Satirikern wie Alexander Pope und John Dryden groß geworden und mochte die beißende Vernunft von Samuel Johnson. England hat eine große Tradition von bissigen Satirikern, und Engländer würden es wahrscheinlich mehrheitlich für ungesund halten, auf diese Art von Humor verzichten zu müssen, um einen »gesünderen« Humor zu praktizieren – womöglich noch von deutschen Professoren, Wissenschaftlern und Therapeuten ausgearbeitet. Es gibt in England eine Tradition von »gesundem Misstrauen« jeder Intellektualität gegenüber. Der Maßstab für diese Art von Humor ist das, was die Engländer selbst »gesunden Menschenverstand« nennen, einen Sinn für »Fairness«, der die Einhaltung von vernünftigen Regeln voraussetzt. Im täglichen Umgang miteinander über- und untertreiben sie, sagen das Gegenteil von dem, was sie meinen, und erwarten das Gleiche zur Antwort. Das finden sie witzig und belebend. Sie lieben eine Satire, die an die Grenzen der Groteske geht, wenn sie dadurch die bei Politikern und Menschen der Öffentlichkeit vermuteten (geleugneten) Motive und Fantasien bis zur Absurdität übertreiben. Satire wird als berechtigtes Mittel der »Machtlosen« betrachtet, um das, was sie für falsch und schädlich halten, an den Pranger zu stellen und durch den Kakao zu ziehen. Durch das Lächerlichmachen wollen sie verhindern, dass etwas für sie Schädliches weiter betrieben wird.

Satire und Sarkasmus können daher hilfreiche Mittel sein, die eigene Psyche gegen schädliche Einflüsse von außen zu schützen, auf dass sie gesund und im Gleichgewicht bleibt. Karikaturisten nutzen diese Art der Überzeichnung, um besondere charakterliche und physische Aspekte von Politikern und Staatsoberhäuptern, Medienzaren, königlichen Familien, Film- und Popstars, Sportlern, Wissenschaftlern, Kirchenoberhäuptern und anderen berühmten Persönlichkeiten des öffentlichen Lebens so überdeutlich herauszustellen, dass wir über sie lachen können, weil sie in irgendeiner Weise »entlarvt« werden. Ihr unschuldiges Aussehen wird mit den ihnen als unehrenhaft unterstellten Vorhaben in Verbindung gebracht und in aller Öffentlichkeit zur Schau gestellt. Oder sie werden als »Idioten«, »Tölpel«, »Besoffene«, »Jasager« oder als »freundliche Diktatoren« dargestellt. Wenn die Karikaturen die Wahrheit treffen (oder das, was wir als Publikum erwarten und vermuten), lachen wir darüber. Wenn die Darstellungen aber nicht stimmen oder nur verletzend gemeint sind – wie die Karikaturen von Mohammed –, lachen nur die Feinde oder Gegner.

Die Fernsehsendung »Spitting Image« (etwa: »Treffsicheres Abbild«) lief in England zwölf Jahre lang während der Regierungszeit von Margaret Thatcher. Die in der Sendung lächerlich gemachten Persönlichkeiten mussten den Spott über sich ergehen lassen, sonst hätten sie sich erst recht lächerlich gemacht. Es galt irgendwann als Schmach, nicht in der Sendung hochgenommen zu werden. In Deutschland gab es eine ähnlich aufgebaute satirische Sendung: »Hallo Deutschland!«, die aus meiner Sicht eine bewundernswert treffsichere Komik entwickelte. Nach nur gut einem Jahr wurde sie wieder abgesetzt …

Diese Art von Humor stellt vermeintliche »Größe« und vermeintliche »Wahrheit« infrage, indem sie lächerlich gemacht werden. Auf diese Weise können wir uns emotional oder psychisch aus einer Übermacht befreien. Macht erzeugt Angst und Lähmung. Wenn wir unsere Angst überwinden, können wir handeln. Deshalb begleitet diese Art des Humors auch kriegerische Handlungen: Im Krieg versucht man die andere Seite lächerlich zu machen, ihre Kraft zu verhöhnen. Boxer versuchen den Gegner oft ebenfalls durch Witze »fertigzumachen«. Satire kann ein Mittel sein, die eigene Freiheit zu bewahren und einen Gegner zu besiegen, ihn zu isolieren und ihn vor seinesgleichen »lächerlich« zu machen. Der Gegner soll entzaubert werden, ihm soll der Nimbus der Unfehlbarkeit genommen werden.

Oft ist das, was wir »Humor« nennen, die weitverbreitete aggressive Variante der Schadenfreude und der Verhöhnung. Das heißt, wir benutzen den Humor und die Fähigkeit, andere lächerlich zu machen, um sie absichtlich zu verletzen und um uns größer, stärker und besser erscheinen zu lassen. Das ist für mich nicht mehr »Satire«, sondern schlicht ein Angriff auf die Persönlichkeit.

Während der Humor aus der »Null« heraus einen Ausgleich

zu unserer Neigung bietet, unsere gefilterte Wahrnehmung für die absolute Wahrheit zu halten, bläst der aggressive Humor gerade das auf, was er mit Gewissheit, Absolutheit und aus Angst abwertet, ablehnt – und von daher lächerlich machen will.

Je abhängiger wir von der Meinung anderer sind, umso wirksamer schlagen aggressive Witze bei uns ein. Wenn jemand sich lustig über unser Aussehen oder unsere Fähigkeiten macht und wir in diesem Bereich empfindlich sind, wird ein Witz darüber für uns nicht zum Lachen sein. Und der Witzerzähler kann dann noch sagen, es sei nur als Witz gemeint. »Haben Sie keinen Humor?«, fragt er unschuldig.

Manche Eltern machen ihren Kindern Angst vor dem »schwarzen Mann«, damit sie von einem bestimmten Verhalten ablassen und sie ernst nehmen. Zu diesem Zweck sollen sie ein schlechtes Gewissen entwickeln und sich schlecht fühlen. Wenn die Kinder allerdings dahinterkommen, dass es den »schwarzen Mann« gar nicht gibt oder die Gottesstrafe nicht eintrifft, werden sie oft aus Gegenwehr genau das provokativ wiederholen, was die Eltern so geärgert hat, und sich darüber lustig machen.

Wenn wir jemand beschämen oder bestrafen wollen, wollen wir gerade seine Schwäche öffentlich machen, sie besonders hervorkehren. Je schlimmer wir den anderen erscheinen lassen, umso gerechter oder ehrenhafter erscheinen wir. Je schwächer der andere dasteht, umso stärker sind wir, ob moralisch oder physisch. Diese Art von Humor kann man jedes Wochenende beim Fußballspiel zwischen gegnerischen Fans erleben. Und manchmal werden der Spott und die Häme sogar gegen die eigene Mannschaft gerichtet, wenn sie entsprechend schlecht spielt, um sie bei der »Ehre« zu packen und sie anzuspornen.

Es kann in einer Familie Grundsatz sein, eine »Maske« zu tragen. Diese Maske könnte auch eine »Humormaske« sein. Eine solche Maske kann aber auch zur Notwendigkeit werden, um uns vor den Angriffen von außen zu schützen. Wenn wir klug sein sollen, aber nicht »zu« klug, schön, aber nicht damit»angeben« dürfen, wenn wir der Beste sein sollen, zugleich aber nicht auffallen dürfen, wird das Leben erheblich erschwert. Solch gegensätzliche Botschaften werden oft von Eltern oder anderen Autoritäten verlangt: »Jeder kann offen seine Meinung sagen, nur nicht hier und nicht jetzt!« Der Satz: »Du kannst mir alles erzählen!« kann von einem bedrohlichen Lächeln begleitet sein, das sagt: »Wage es bloß nicht!«

Entsprechen kann man diesen widersprüchlichen Forderungen nur dadurch, dass man sich verstellt. Unehrlichkeit und Unaufrichtigkeit töten letzten Endes jeden wirklichen Humor und damit jeden wirklichen Freiraum. Wenn man gute Miene zum bösen Spiel machen muss, wenn man zu etwas gezwungen wird oder im Fall von unterschwellig aggressiven, abwertenden, beschämenden oder unehrlichen Absichten, können wir nicht von Humor sprechen, selbst wenn jemand ein Lächeln aufsetzt.

Wenn wir so handeln, tun wir es aus einer Gewissheit und einer Überzeugung heraus, zu wissen, was »richtig« und was »falsch« ist. Wir wollen den anderen dann dazu zwingen, unsere Auffassung anzunehmen oder wir wollen ihn schlicht herabsetzen und schwächen. Humor ist ja ein Spiel mit Wertungen. Es ist aber ein Unterschied, wie ich mit den Wertungen »richtig« und »falsch« umgehe, ob ich sie als unverrückbare Größen ansehe oder ob ich davon überzeugt bin, dass diese Größen sich ändern können. Was ich heute richtig finde, kann ich zu einem späteren Zeitpunkt für falsch, verfrüht oder nicht angemessen halten. Umgekehrt kann ich erkennen, dass ich mit einer Einschätzung doch nicht falsch lag.

In der Regel hassen wir es, lächerlich gemacht zu werden. Manche tun alles dafür, dies zu vermeiden. Deshalb ist das Auslachen ein Ausdruck von Macht und Kontrolle. Wer es erlebt hat, gehänselt oder vor allen Schülern abgekanzelt zu werden, kann eine besonders große Abneigung entwickeln, überhaupt vor anderen zu stehen und sich zu äußern, aus Angst, wieder einmal dieselbe Erfahrung zu machen. In der aggressiven Form des Humors geht es darum, genau das zu betonen, was wir beim anderen für negativ, kritikwürdig oder gefährlich halten, um ihn so vor den anderen oder sogar vor sich selbst zu beschämen, damit er »kampfunfähig« wird.

Man kann diese Art Humor aber auch gegen sich selbst richten, indem man sich selbst nachahmt, sich seiner Schwächen bezichtigt und sie herausstellt. Wenn diese Selbstkritik verurteilend, entwürdigend oder vernichtend ausfällt, ist dies Ausdruck des Selbsthasses und eine Selbststrafe. Ausdrücke wie »Idiot«, »Blödsinn« oder »Versager« gegen sich selbst gewendet, haben eine entmutigende Wirkung, selbst wenn sie oft als Ermutigung und Motivation gemeint sind. Sich selbst ironisch zu betrachten, sich als komische Figur oder Clown zu geben, damit andere über einen lachen, kann eine überlebensnotwenige Strategie (gewesen) sein. Dies drückt dennoch aus, wie sehr die Lebensfreude fehlt. Und wenn uns die Lebensfreude fehlt und wir mit Neid auf andere schauen, die lebensfreudig sind, können wir zynisch werden und mit Missgunst auf die Glücklichen und auf das Glück überhaupt herabblicken. Ja, wir können daraus eine Lebenshaltung machen und über die anderen und über ihre »kleinen Freuden« spotten, weil wir es ja doch besser wissen. Aber innerlich weinen wir.

Die Selbstironie kann eine Art Selbstkorrektur sein und eine Erinnerung daran, dass man auch Fehler machen darf. Sanft angewandt kann sie uns trösten und Kraft geben. Mit einer solchen Art Humor versucht man auch die eigene Gefährlichkeit oder sogar die eigenen Fähigkeiten herunterzuspielen, sodass sie keine große Bedrohung darstellen. In England ist dies gang und gäbe, denn man will nicht »prahlen«, aber man versteht das »Understatement« sehr wohl als eine Form, sich doch selbst zu loben. Als Dauerzustand kann dies aber auch eine zynische Wirkung haben und Ausdruck innerer Verzweiflung sein.

Gerade der Humor schützt uns vor Fehleinschätzung, Realitätsferne und Hochmut. Und er bietet Schutz gegen die falschen Einschätzungen anderer. Wenn ich die Fähigkeit beschreibe, über sich selbst lachen zu können, meine ich die Fähigkeit, Fehleinschätzungen über uns selbst korrigieren zu können, ob »positiv« oder »negativ«. Insbesondere trifft das zu, wenn wir dazu neigen, uns entweder in Grund und Boden zu verdammen oder uns für etwas oder jemand »total zu begeistern« und uns vollkommen von etwas einnehmen zu lassen.

Unser Humor entspricht unserer Lebensgrundhaltung. Er zeigt, ob wir meinen, glücklich oder unglücklich zu sein. Wenn bei einem Menschen die Enttäuschungen überwiegen, ist es nicht erstaunlich, dass er sein ganzes Leben als »Enttäuschung« empfindet und sich nicht darüber freut. Wer deshalb von vornherein skeptisch oder misstrauisch der Welt gegenübersteht, wird freudige Erfahrungen eher als Episode erleben, aber nicht als Normalfall. Wenn der Schmerz einer Enttäuschung dagegen nur eine Episode unter vielen freudigen Erlebnissen ist, wiegt er nicht so schwer. Deshalb hängt unsere Form von Humor nicht nur davon ab, welche Art von Erfahrung wir machen, sondern unsere Erfahrung hängt auch davon ab, mit welcher grundsätzlichen Haltung wir dem Leben begegnen.

Die alltägliche Erfahrung, besonders unsere alltägliche Lebenserfahrung, bietet viele Anlässe dazu, dass das Lachen aufhört. Angst, Trauer, Ärger, Langeweile, Verluste und Misserfolg, Einsamkeit und Mangel an Geld, Krankheit und Tod oder die Unfähigkeit, mit Veränderungen umzugehen oder Möglichkeiten und Gelegenheiten beim Schopf zu packen, können Quellen des Unglücks sein. Umgekehrt können Liebe, Kinder, Gesundheit, Geborgenheit, Erfolg, Anerkennung, Geld und Freiheit Quellen des Glücks sein. Was wir »Glück« oder »Unglück«

nennen, hat viel mit unserer persönlichen Betrachtungsweise zu tun und damit, was wir aus einer bestimmten Situation machen.

Scheinbare Quellen des Glücks können ebenfalls Quellen des Unglücks sein: Ein Lottogewinn in Millionenhöhe kann für manche Menschen zum großen Unglück werden, wenn sie mit dem Geld nicht umgehen können. Romantische Liebe kann vergehen, Kinder können auch Sorgen und Ärger bereiten, Erfolg kann sich in Misserfolg wandeln, Ansehen kann verloren gehen wie auch Gesundheit und Freiheit, und am Ende sterben wir. Wenn wir uns diese Sicht der Dinge allein zu eigen machen, können wir depressiv werden.

Wir haben aber auch die Fähigkeit, Verluste verschmerzen zu können und weiterzumachen, uns nach einem Misserfolg wiederaufzurichten. Wir können uns trösten lassen und wir können trauern. Dann geht das Leben weiter. Wir können durch Einsatz und Mut Verluste und Misserfolge wiedergutmachen oder durch eine Neubewertung unseres Lebens uns ganz andere Ziele setzen, die uns mehr Zufriedenheit geben. Gerade Krisen, Krankheiten und die Gewissheit des Todes können uns entscheidende Impulse geben, die Richtung unseres Lebens zu ändern. Wenn wir aus dieser Sicht allein eine Philosophie machen, können wir zu unerschütterlichen Optimisten werden, die keinen Schmerz gelten lassen und immer »positiv« denken: »Alles nicht so schlimm, Kopf hoch!«

Wir können von dem einen oder anderen Standpunkt überzeugt sein, und diese Sicht der Dinge prägt dann die Art, wie wir in einer bestimmten Situation handeln. Wie das Leben »ist«, können wir, glaube ich, nicht feststellen. Aus meiner Sicht der Dinge ist es unsere Wahl, wie wir das Leben bewerten. Es ist aber unverzichtbar notwendig, inneren und äußeren Realitäten ins Auge zu blicken und zu lernen, mit ihnen umzugehen.

Der Ernst unserer programmierten Muster und Dogmen

Was macht den Alltag so »alltäglich«? Einmal, dass wir uns daran gewöhnt haben. Wie auch immer unser Alltag aussieht, er ist deshalb Alltag, weil er uns so bekannt ist. Wie sich unser alltägliches Leben gestaltet, wie anregend und lebendig oder wie wenig inspirierend und ermüdend es ist, hängt ganz davon ab, wie wir es gestalten. Wenn wir glauben, der Alltag sei wie so vieles »gottgegeben«, sehen wir wenig Möglichkeiten, etwas an unserer Erfahrung zu verändern.

Wie auch immer unsere Bewertung oder unser Leitsatz konkret aussieht: Wir legen eine Messlatte an, an der wir uns und andere messen. Wenn die Erfahrung unseren Erwartungen entspricht, ist sie eine gute Erfahrung, wenn nicht, eine schlechte. Wir freuen uns oder ärgern uns, je nachdem, wie wir die Dinge sehen. Wenn wir uns mit anderen vergleichen, weil für uns und die Menschen in unserer Umgebung eine bestimmte Art von Leistung zählt, werden wir uns so fühlen, wie wir uns oder andere nach dieser Skala bewerten.

Wir werden wahrscheinlich mehr Anlässe haben, uns zu ärgern, als uns zu freuen, wenn wir uns in einer Atmosphäre der Konkurrenz das Ziele setzen, jemand zu übertrumpfen, dieses Ziel aber nicht erreichen können. Und selbst wenn wir im Vergleich zu anderen »der Beste sind«, werden wir vor uns selbst, gemessen an den eigenen (überhöhten) Ansprüchen, weniger gut abschneiden. Für manche zählt sogar die Leistung deshalb nicht, weil sie (bewusst oder unbewusst) als Ersatz für die Liebe dient, die man als Kind nicht bekommen hat. Wenn das der Fall sein sollte, reicht keine Leistung jemals aus. So ist eine grundsätzlich depressive Haltung fast schon vorprogrammiert.

Durch den Filter unserer Wahrnehmung sehen wir im anderen nur den »Mann«, die »Frau«, den »Überlegenen«, den »Verlierer«, den »Gegner«, den »Perfektionisten« und, und, und. Und wir sehen uns selbst genauso. Unsere Filter sind uns so vertraut, dass unsere Sicht sich oft erst durch eine Niederlage, einen Zusammenbruch oder eine Krankheit verändert – und manchmal selbst dann nicht. Wir können uns weismachen, dass wir keine Filter haben – sie vielleicht überwunden haben. Das nenne ich den Filter der Scheinheiligkeit.

Wie wir den Alltag erleben, nehmen wir ernst. Und wir reagieren darauf. Das hat Folgen, die unser Leben bestimmen. Wenn ich ständig um mich Gegner sehe und ich jedes Verhalten entsprechend deute, werde ich logischerweise ständig auf der Hut sein. Ich kann aber genauso alles beschönigen, »vergebens« oder »sündhaft« finden. Je nach Sichtweise kann die Ordnung in einem Zimmer »ordentlich« oder »unordentlich« bewertet werden.

So sind die Teilnehmer meiner Seminare oft von ihrer Unfähigkeit überzeugt, auf der Bühne oder vor anderen (be)stehen zu können. Sie halten sich deshalb zunächst bedeckt. Statt auf die Bühne zu gehen, schreiben sie alles auf, weil sie überzeugt sind, dass sie besser lernen, wenn sie alles aufschreiben. Sie stellen viele Fragen, weil sie überzeugt sind, dadurch würden sie besser verstehen, worum es geht, auf der Bühne zu stehen. Wenn sie Antworten bekommen oder den Hinweis, doch auf die Bühne zu gehen, sagen sie: »Das verstehe ich nicht!« Man kann aber nur »verstehen«, wie es ist, auf der Bühne zu stehen, wenn man tatsächlich auf der Bühne steht und sich der sogenannten Unfähigkeit stellt, sich auf die Anweisungen des Regisseurs oder auf die Übung einzulassen. Auf diese Weise kann sich eine Überzeugung selbst bestätigen, statt eine neue Erfahrung zuzulassen. Die Angst wird dann zur Realität.

Nach einem erfolgreichen Auftritt ist mancher Teilnehmer trotzdem mit sich unzufrieden, weil der Auftritt seinen Erwartungen doch nicht entsprochen hat, obwohl alle Zuschauer sich köstlich amüsiert haben. Oft können sie sich zunächst nicht freuen und ihre eigene Leistung nicht anerkennen, weil sie eine ganz andere Erwartung an sich haben als zum Beispiel ich als Seminarleiter.

Ich hatte einen Teilnehmer, der unbedingt Clown werden wollte und alle möglichen Kurse in dieser Richtung belegt hatte. Er war aber mit sich nicht zufrieden und auch mit mir nicht. Er misstraute meinen Aussagen über den Clown und suchte den Clown nicht bei sich, sondern in seiner Vorstellung davon, wie er Leute zum Lachen bringen wollte. Nur lachte niemand, als er es gewollt versuchte. Als er trotz Bedenken mithilfe meiner Regieanweisungen auf die Bewegungen seines Körpers hörte, die deutlich zeigten, wie verwirrt er war, fing das Publikum an, ihn wirklich komisch zu finden und zu lachen. Er hat dies zunächst nicht verstanden. Dann mussten die anderen umso mehr lachen. Nach und nach verstand er, dass seine Vorstellungen nicht der Realität entsprachen, sondern sogar im vollkommenen Gegensatz zu ihr standen.

Wenn wir auf die absolute Richtigkeit unserer Wahrnehmung bestehen, statt zuzugeben, dass wir etwas gerne in einer bestimmten Weise haben wollen, sind ernsthafte Konflikte an der Tagesordnung. Dieses Bestehen auf der eigenen Wahrnehmung als objektiv gültige Realität ist der Nährboden für viele Konflikte religiöser, sozialer und politischer Art, die jeden Tag ihre Opfer verlangen. Dabei will die eine Seite die Gefühle oder Rechte der anderen sowie deren Sicht nicht anerkennen. Beide Seiten vertreten ihre Interessen gerade dadurch, die Sicht des anderen abzuerkennen. Erst wenn wir eine gemeinsame Sicht der Dinge haben, können wir auch einen gemeinsamen Humor entwickeln. Ich kann eher eine mir fremde Sicht der Dinge anschauen, wenn ich ihr zunächst mit Freundlichkeit begegne. Die Bereitschaft, jemandem direkt zu begegnen, ist ein erster Schritt, Gemeinsamkeit zu entdecken. Das setzt voraus, dass wir bereit sind, über unsere Prägung hinaus den anderen wahrzunehmen, und zwar vom Standpunkt der Null aus.

Wer davon ausgeht, dass das Lachen oder der Humor den grundsätzlichen »Ernst des Lebens« stört, sieht nicht, dass sich beide Aspekte nicht widersprechen müssen. Wer Würde mit »Wichtigkeit« verwechselt, wer die Kontrolle behalten oder den Schein unbedingt wahren will, wird sich vor einer unkontrollierten Heiterkeit – auch vor seiner eigenen – schützen wollen. »Richtiges soziales Verhalten« und moralische Werte, die sich mit der Zeit ändern, kann man als absolute Werte hinstellen, nach denen Menschen beurteilt werden. Das Verhalten und die Meinung einer für uns wichtigen Person können so maßgebend sein, dass wir uns daran messen. Wir können uns auch selbst an absoluten Werten Leistung oder Treue messen und uns am Ende ungenügend oder fehlerhaft vorkommen.

Nicht nur Religionen und Kirchen haben mit Lachen ihre Mühe, sondern alle Autoritäten, die allgemeine Gültigkeit für ihre Macht oder Zustimmung verlangen und deshalb Tabus aufrechterhalten und Verbote aussprechen. Bildung und Wissenschaft sind ebenfalls nicht von Wichtigtuerei und Selbstgefälligkeit frei und können neue Dogmen aufstellen. Auch die Spezialisierung kann dazu führen, dass man zwar in einem Bereich viel weiß, dennoch in anderen so gut wie nichts, und dass wichtige Zusammenhänge fehlen. Sobald eine Wahrheit für absolut erklärt wird oder wir auf einer bestimmten Form bestehen, können neue Dogmen in jedem Bereich entstehen, die oft unfreiwillige Komik erzeugen. Die Befürworter solcher Dogmen mögen die Gegenwart von Narren, Clowns und Satirikern nicht.

Ein Beispiel: Die Forderung, immer »kongruent« oder transparent und verständlich, logisch und berechenbar zu sein, ist zwar nachvollziehbar, besonders bei Menschen in sozialen, pädagogischen und helfenden Berufen, kann aber die Frische und die Wachheit in einer Beziehung verhindern. Die Forderung überhaupt, immer so oder so zu sein, kann zu einer Mühe und Anstrengung führen, die in der letzten Konsequenz dazu führt, irgendwann zu kollabieren. Eine bestimmte Art nach außen aufrechterhalten zu müssen, kann zu einer Maske werden, die – wenn kein Ausgleich in die entgegengesetzte Richtung erfolgt – die eigene Glaubwürdigkeit nach außen und die eigene Lust und Energie im Inneren mindert oder gar zerstört.

In einem Krankenhaus hielt ich einmal eine Veranstaltung im Rahmen einer Weiterbildung von Pflegekräften. Es ging um »Humor im Beruf«. Unter den Teilnehmerinnen – es waren ausschließlich Frauen – war eine Ausbilderin für die Pflege. Ihr Hauptinteresse war »der humorvolle Umgang mit schwierigen Schülerinnen«. Sie war nicht daran interessiert, sich in die Übungen einzubringen. Zwar machte sie mit, sie fand die Übungen aber offensichtlich wenig hilfreich.

Wir spielten dann die Situation durch, die sie am meisten interessierte: Sie stellte die Ausbilderin dar, und eine frühere Schülerin von mir, die auch Ausbildungskraft war, spielte die Schülerin. Es ging der Leiterin hauptsächlich darum, wie sie die Fehler der Schülerin »humorvoll« vermitteln konnte, und sie zeigte uns, wie sie das machen würde. Sie lächelte, während sie die Schülerin nach einem Probetag auf Station »weich kochte«. Sie fragte: »Wie fanden Sie den Tag?« »Gut.« »Ist Ihnen irgendetwas aufgefallen?« »Nein, nicht das ich wüsste.« »Und die Wege, die Sie gegangen sind?« »Es klappte schon. Ich musste einmal zurückgehen, weil ich die Vase vergessen hatte, aber sonst … schon.« »Hmm, mmh?«

So machte die Leiterin noch eine Weile weiter. Die Stimmung unter den Schülerinnen wurde allmählich ziemlich eisig. Es lief mir kalt den Rücken herunter. Die Leiterin war überzeugt, dass Humor heißt, lediglich zu lächeln. Sie sah nicht, wie sie die Schülerin regelrecht folterte. Ich war auch ziemlich bedrückt und habe sie auch nicht mit meinem anschließenden Spiel davon überzeugen können, dass es mehr von Humor zeugt, der Schülerin direkt zu sagen, was sie falsch gemacht hat, als sie lächelnd, aufrecht und kalt auf die Folter zu spannen.

Diese Leiterin nahm sich und die Ausbildung so ernst und war selbst so gut und so hoch qualifiziert, dass sie für die Schwierigkeiten ihrer Schülerin gar kein Gefühl hatte. Die Kontrolle und die Perfektion waren ihr so wichtig und in Fleisch und Blut übergegangen, dass ihr Lächeln nicht echt war. Ihr Urteil stand fest: Die Schülerin ist schlecht. Anders gesagt: Sie wollte Humor als eine Technik einsetzen, um ihre innere perfektionistische Strenge zu kaschieren. Hingegen hätte aus meiner Sicht wahrer Humor dort angefangen, wo sie ihren eigenen Perfektionismus, ihre eigene Strenge anerkannt und damit gearbeitet hätte.

In einer von Ernst geprägten Atmosphäre, in der das Lachen als Störung angesehen wird, könnten gerade das Lachen, die Komik und der Humor in all seinen Formen Leben bringen, Energien freisetzen und Routinen infrage stellen. Man kann sie aber nicht konstruktiv infrage stellen, wenn eine starre Grundhaltung bestehen bleibt.

Es ist ein normaler Vorgang, nicht mehr zu merken, dass wir in einer Routine stecken, oder nicht zu merken, wie wir gerade etwas gesagt haben. Selbst wenn der Inhalt des Gesagten stimmt, heißt das nicht, dass dieser Inhalt auch so verstanden worden ist. Und wenn wir den Ton nicht hören oder die Haltung nicht spüren, aus der heraus wir etwas sagen, kann unsere Botschaft ganz anders ankommen.

In einem Altenheim, in dem ich eine Fortbildung durchführte, stellte ich fest, dass die Pflegekräfte meine Ausführungen über Humor und Freiraum sehr geschätzt haben, bei den Übungen fiel mir aber auf, wie wenig sie ihr eigenes Verhalten reflektieren konnten. Die meisten Spannungen bestanden nicht zwischen ihnen und den Heimbewohnern, sondern eher untereinander. Einige setzten sich unter hohen Leistungsdruck, weil sie gewohnt waren, alles mit Druck und auf Befehl zu machen. Andere waren miteinander befreundet, sodass sich alle Unstimmigkeiten und Unpässlichkeiten untereinander gleich auf die Stimmung auswirkten.

Eine humorvolle Haltung kann erst dann in einer Lebenssituation entwickelt werden, wenn wir unsere eigenen Forderungen und Bewertungen wahrnehmen und die Wünsche und manchmal die Nöte anerkennen, die oft dahinterliegen, zum Beispiel den Druck, den Perfektionismus, die Leistung oder die Strenge. Wenn wir mit der eigenen Not in Kontakt kommen und uns um uns selbst kümmern, können wir eine ganz andere Haltung, sogar eine gewisse Distanz entwickeln, die zusammen mit dem Mitgefühl für den Humor wesentlich ist.

Teufelskreise

Wie wir uns wiederholen

Wir wiederholen uns ständig. Das gibt uns eine gewisse Kontinuität. Wir verhalten uns so und drücken uns so aus, wie wir es gelernt haben und wie wir es selbst für richtig halten.

In jeder Familie wachsen wir in einem System auf. Dieses Familiensystem besteht aus Mitgliedern, die eng miteinander verbunden sind – ob sie sich mögen oder nicht. Sie vermitteln einander sowohl Sicherheit als auch Zugehörigkeit und Beziehung. Jede Familie hat eine Vergangenheit, über die verschiedene Geschichten erzählt werden, und in jeder Familie wird schon sehr früh vorgegeben, wie wir uns zu verhalten haben. Diese

Geschichten und Verhaltensmuster üben wir ein, bis sie zu einem »Programm« werden, zu einem Teil von uns, das wir zunächst einmal richtig finden.

Oft bekommt man auch einen bestimmten Namen oder eine bestimmte Rolle zugeteilt (»Unser Sonnenschein«, »Das schwarze Schaf«, »Nesthäkchen«, »Stammhalter«, »Clown«). Unter Geschwistern gibt es die verschiedensten Sichtweisen, wie die Familie »ist« oder »war«, weil jeder eine andere Position und Rolle innehat. Diese Rollen werden oft hartnäckig verteidigt und es ist schwer, sich daraus zu lösen, weil jeder den anderen ständig an seine Rolle erinnert und entsprechende Reaktionen provoziert. Solche Rollen sind Teil unserer ernsten Seite, weil sie uns Grenzen setzen, die uns nicht unbedingt entsprechen, sondern auferlegt worden sind. Wir erfahren dann, dass wir uns immer wieder in denselben Familienrollen wiederfinden, selbst wenn wir erwachsen sind und nicht mehr in unserer Herkunftsfamilie leben.

Selbst auf den Beruf übertragen sich solche Rollen, sodass wir oft gar nicht merken, wie sehr wir auch dort Entscheidungen treffen, die innerhalb unseres Systems üblich waren und sind. Wir erleben auch dort die Menschen durch den familiären Wahrnehmungsfilter in einer Weise, die unserem System entspricht. So kann es passieren, dass wir durch unsere Reaktions- und Umgehensweise mit diesen Menschen diese zu einem Verhalten veranlassen, welches uns aus unseren Herkunftsfamilien vertraut ist. Menschen, die ähnliche Rollen oder Gegenrollen in ihren Familiensystemen gelernt haben, tauchen als Lebenspartner wie auch als Vorgesetzte und Angestellte, Schüler und Lehrer auf. Wir fühlen uns von ihnen angezogen oder abgestoßen. Wir reagieren immer stark emotional auf sie. Anderen Menschen können wir dagegen neutral und weniger emotional begegnen, weil sie nicht zu unserem bekannten System gehören.

Wer sich jedoch in einem solchen Muster gefangen fühlt, will sich gerne davon befreien.

Der Teufelskreis fängt mit einer festen Rolle oder Überzeugung an. Durch eine »Reaktionskette« bestätigt man sich selbst. Glaubenssätze werden auf diese Weise immer wieder bestätigt und begründen so neue Teufelskreise, die versuchen, das Problem zu lösen. Hierzu einige Beispiele:

- Ein Kursteilnehmer sieht sich als »Versager«. Er gibt sich Mühe, etwas »Gescheites« zu lernen und sich jovial und fröhlich zu geben. Das schafft er auch, nur merkt er, dass er sehr starr in seinen Bewegungen ist. Also versucht er, locker zu werden, aber da er glaubt, sich bemühen zu müssen, kann er nicht locker werden. Ein anderer mit demselben Muster unternimmt vielleicht gar nicht erst den Versuch, etwas wirklich zu lernen, was natürlich dazu führt, dass er tatsächlich versagt und sich somit als »Versager« bestätigt fühlt. Ersterer dagegen bestätigt sich auf andere Weise: Er führt ein strenges »Gegenprogramm« durch, bei dem er sich sehr viel Mühe gibt und einen gewissen Erfolg hat. Nur hat er ständig Angst davor, zu versagen. Selbst wenn er vieles erreicht und in den Augen anderer viel Erfolg hat, gilt für ihn der Erfolg nicht. Er sieht sich weiterhin als »Versager« und das ist der Grund dafür, sich weiter anzustrengen.
- Ein anderer Teilnehmer berichtet: »Im Kopf kreisen die Gedanken. Ich mache mir Sorgen, habe Angst, eine Hausaufgabe oder Schularbeit nicht zu schaffen, und fühle mich gelähmt. Die Lähmung verstärkt die Angst, denn ich unternehme ja nichts und kann nicht klar denken. Ich lenke mich ab, koche einen Kaffee oder Tee und ›vergesse‹ die Sache. Dann kann ich nicht schlafen und fühle mich am nächsten Tag völlig schlapp. Die Untätigkeit führt dazu, dass ich mir noch mehr Gedanken und Sorgen mache.«

- Ein weiterer Teilnehmer: »Ich muss gewinnen, sonst verliere ich. Deshalb muss ich bei jeder Gelegenheit recht haben. Wenn mir jemand nachweist, dass ich doch nicht die Rechnung bezahlt habe, von der ich meine, sie längst bezahlt zu haben, habe ich nicht recht und habe verloren. Ich darf aber nicht verlieren, also muss ich gewinnen. Und ich prüfe noch einmal und noch einmal die Sache, um vielleicht beim anderen einen Fehler nachzuweisen.«
- Jemand fühlt sich wertlos. In seinem Bemühen, sich wertvoll zu fühlen, versucht er, seinen Wert dadurch zu definieren, dass er für andere nützlich und hilfreich ist. So schaut er immer, ob nicht jemand »Hilfe« braucht und bringt diese Fürsorge ein, unabhängig davon, ob sie gebraucht wird oder nicht. Seine vermeintliche Hilfe ist aber unerwünscht und sein Hilfsangebot wird zurückgewiesen. Er empfindet dies als persönliche Abweisung und fühlt sich wieder wertlos.
  Manche Menschen, die immer gehört haben, wie schlecht sie sind, folgern daraus, sich nach außen als besonders gute Menschen darzustellen. Da dies aber nur mit Anstrengung möglich ist, sehen andere darin kein authentisches Verhalten. Sie werden misstrauisch und hegen die Vermutung, dass dies »ein Wolf im Schafspelz« ist, in Wirklichkeit also ein schlechter Mensch. Damit bestätigt sich wieder der ursprüngliche Glaubenssatz dieses Menschen.

Menschen, die zu mir kommen, weil sie mehr Humor und mehr Leichtigkeit in ihr Leben bringen wollen, spüren, dass sie aufgrund ihrer eigenen »Programme« daran gehindert werden, sie selbst zu sein. Mit anderen Worten: Sie merken, dass sie die Null nur wenig oder gar nicht leben können, oder sie spüren die Sehnsucht und das Potenzial, noch mehr aus der Null zu leben, als sie es in ihrem Leben tun.

Das Hindernis besteht nicht darin, dass diese Menschen keinen Humor haben oder dass sie nicht lachen können. Oft liegt es eher daran, dass sie sich nicht trauen, über ihre Muster oder Programme hinaus zu handeln. Sie fühlen sich darin gefangen, solange das Gewicht ihrer Erfahrung auf der Seite ihrer Prägung liegt und nicht auf der Seite der Null. Wenn die bisherige Erfahrung mehr wiegt, hat sie auch mehr »Realität«. Was im Leben dennoch möglich ist, steht jenseits gelernter Programme.

Das heißt: Diese Menschen sind noch der Meinung, diese Programme und Filter »haben recht«: »Ich sehe tatsächlich schlecht aus!« »Was werden die Leute denken?« »Das ist doch verboten!«»Ich schäme mich!« »Ich bin ein ernsthafter Mensch!« »Es geht nicht nur um Spaß!«

Diese Überzeugungen schaffen ihre eigene Rechtfertigung. Sie werden zu festen Rollen und bleibenden Sichtweisen, bis wir glauben: »Ich bin halt so.« »Ich habe halt Pech.« Oder wir begründen dies, indem wir immer wieder unsere traurige Geschichte erzählen. Durch das wiederholte Erzählen verlängern wir die Geschichte, anstatt uns daraus zu lösen.

In einem Muster oder Teufelskreis zu stecken, erleben wir als unseren vollkommenen Ernst. In einem Teufelskreis können wir nichts anderes erleben als das, was sich immer und immer wiederholt. Um einen Teufelskreis zu kaschieren, gewöhnt man sich daran, eine entsprechende »Maske« zu tragen. Bald kann man nur noch schwer zwischen der Maske und dem Menschen unterscheiden. Die Prägung oder das Etikett wird angenommen als »So bin ich!« oder »So ist es!« Etiketten haben immer allgemeine Bedeutung und nichts oder wenig mit wirklichem Verhalten zu tun. In einem solchen Teufelskreis zu stecken, ist auch nicht so abwegig, denn wir sind »Gewohnheitstiere«, die sich gerne wiederholen. Das ist auch das »Beständige« an uns. Wenn wir uns anders verhalten würden, würde man uns eventuell nicht wiedererkennen.

Wenn solche Erfahrungen zu einem Dauerzustand werden,

entwickeln wir zusätzlich Überzeugungen über uns und die Welt, die uns vor den Gefühlen von Ärger und Trauer über unsere Situation schützen. Diese Art Schutz bestätigt die Maske, die wir gelernt haben zu tragen und die wir nicht mehr als Maske erkennen.

Hier geht es mir noch nicht um eine »vollständige Lösung« solcher vertrackten und unbefriedigenden Lebensmuster, die wohl viele Menschen gut kennen.

Nehmen wir aber mal an, Sie sind jemand, der sich ständig entschuldigt. Zu Recht stört Sie das, denn oft genug gibt es keinen ersichtlichen Grund, weshalb Sie das tun sollten. Dennoch tun Sie es. Stellen Sie sich vor, Sie würden es üben, durch die Welt zu gehen und sich bewusst bei jedem Gegenstand und bei jedem Menschen zu entschuldigen. Als ob Sie »Guten Tag« sagen würden. Stellen Sie sich zudem vor, Sie würden jemand suchen oder kennen, der ähnlich handelt wie Sie und Sie würden mit diesem Jemand einen Wettbewerb starten, wer sich am meisten entschuldigen kann. Oder wenn das Thema »Rückzug« wäre, würden sich beide gleichzeitig zurückziehen, je mehr der eine, umso mehr der andere. Sie könnten aber auch spielen: Je mehr ich mich zurückziehe, umso mehr ärgern sich die Leute. Das passiert ja tatsächlich!

Was aber viele nicht sehen können – weil sie in diesem Teufelskreis stecken –, ist die Wirkung ihres Verhaltens und die Neigung, diese Wirkung immer wieder hervorzurufen. Wenn Sie anfangen, dieses Verhalten bewusst zu wiederholen, können Sie diesen Ablauf als »Spiel« durchschauen, als Lebensspiel, das sicherlich nicht komisch ist. Wenn Sie anfangen, etwas gezielt zu wiederholen, merken Sie, in welcher Weise Sie in dramatischen »Lebensspielen« gefangen sind, die auf Ihren Humor eine negative Auswirkung haben.

Wenn ich aufhöre, mich über den Ärger zu ärgern, der dieses Gefühl auch in anderen verursacht, kann ich vielleicht den eigenen (abgelehnten) Ärger spüren. Ich kann vielleicht anfangen, den Schrecken meiner Situation zu erkennen, statt mich vor dem Ärger anderer zu schützen und zu merken, wie ich in der Welt wirke und welche Wirkung sie auf mich hat – in welchem System ich eigentlich stecke.

Wie wir in der Welt wirken

Wir wirken in der Welt nicht allein durch das, was wir sagen und tun, sondern auch durch unseren körperlichen Gesamteindruck, durch unsere Haltung, durch unsere Art, uns zu präsentieren, aber auch durch das Gefühl, das wir in anderen erwecken. Was wir sagen, besteht nicht allein aus den Worten, sondern auch aus der Wortwahl, aus dem Ton und aus der Art oder aus der Stimmung, wie ich etwas sage – laut und deutlich, überdeutlich, verhaspelt, gereizt, liebevoll usw. Wenn unser Ausdruck durch Muster und Teufelskreise »getrübt« ist, wird dies bei anderen Reaktionen erzeugen, die wiederum auf uns wirken.

Der Kontext der Situation, in der ich etwas sage, ob ich den anderen kenne und wo ich etwas sage, ob ich etwas gerade eben gesagt habe und mich wiederhole, aber auch meine Absicht oder der Zweck, weshalb ich etwas oder gerade *das* sage, hat ebenfalls eine wichtige Wirkung auf das Gesagte. Und es ist natürlich auch wichtig, wer was zu wem sagt. Kommunikation ist tatsächlich eine komplexe Angelegenheit, selbst wenn wir uns dabei kaum Gedanken darüber machen.

Darüber hinaus ist es wichtig, wie der andere das aufnimmt und versteht, was ich gerade gesagt habe. Auch für ihn sind die Worte wichtig, aber eben auch die Situation, der Kontext, der Ton oder die Stimmung, die Absicht, die Wortwahl und die Beziehung, um zu verstehen, was ich ihm sagen will. Natürlich auch, ob das Gesagte ihm verständlich ist, ob er überhaupt meiner Sprache mächtig ist. Dialekt, Jargon und sprachliche Klassenunterschiede können die Verständigung erschweren. Wenn zwei in ihrem vertrauten Dialekt zueinander sprechen, ist die Verständigung um einiges leichter.

Wer eine Botschaft empfängt, muss sie blitzschnell »dekodieren«, und je nachdem, wie seine eigenen Filter funktionieren – in welcher Stimmung er sich gerade befindet, welche Haltung er dem anderen gegenüber hat, wie wach er ist, welche Worte in welchem Ton gewählt werden, beeinflusst dies die Wirkung auf ihn. Die Kommunikation ist ein so grundlegender Baustein unseres Lebens, dass die Verständigung oder Nichtverständigung die Grundlage der Situationskomik darstellt.

Zwei Männer sitzen nebeneinander und lesen Zeitung. Man sieht lange Zeit nur die beiden geöffneten Zeitungen vor sich auf der Bühne. Wenn beide gleichzeitig – nach langer Pause und ohne ein Wort gesagt zu haben – die Seite umblättern und weiterlesen, wird das meistens Lachen erzeugen, besonders dann, wenn danach die Pause mindestens genauso lang anhält, bevor die Männer wiederum gemeinsam die Seite umblättern. Dann wiederum schweigendes Weiterlesen. Dann wieder umblättern, ausschütteln, die beiden Seiten zusammenfalten, sodass sie beide nur eine Seite lesen, alles absolut parallel. Pause. Einer sagt dann in tonloser Stimme und ohne vom Lesen abzulassen: »Morgen.« Wiederum lange Pause. »Was?«, fragt der andere, genauso unaufgeregt.

Solche Situationen werden von Komikern gern aufgegriffen und sie sind und bleiben so lange komisch, wie sie in überzeichneter Weise eine bestimmte, sofort wieder erkennbare Art von Kommunikation zeigen. Sie leben nicht allein von der Sprache, sondern noch viel mehr von dem, was nicht gesprochen und nicht gesagt wird. Eine solche Szene erlaubt dem Publikum die Pausen selbst auszufüllen, indem es sich vorstellt, was die beiden denken und nicht sagen. Wenn die Szene »typisch« für Situationen ist, in denen zwei Männer gemeinsam in einem Raum sind, löst die Szene alle möglichen Assoziationen über solche Situationen aus und erinnert uns an Männer oder Kollegen, die wir kennen. Unsere Kommunikation kann auch aus Grunzen, Gähnen und aus ähnlichen nonverbalen Ausdrucksweisen bestehen, die nur in der Situation zu verstehen oder absichtlich zweideutig gemeint sind.

Die Reaktionskette

Im alltäglichen Umgang miteinander brauchen wir ein Minimum an direkter Kommunikation. Bei vielen Menschen ist das Maß an indirekter Kommunikation oder Nichtkommunikation hoch, solange sie nicht das sagen, was sie meinen. Wenn sie überdies nur emotional auf die Situation oder auf das Verhalten eines anderen reagieren und sie schon eine vorgefasste Meinung zum anderen haben, kann sich eine Reaktionskette zwischen zwei Menschen entwickeln, wie es bei einer Person allein auch möglich ist.

So reagiere ich vielleicht auf das Aussehen des anderen, auf seine Aussprache, auf seine Art, sich zu benehmen, und habe schon eine Meinung über ihn gefasst. Ich reagiere gereizt oder abweisend. Mein Gegenüber spürt diesen Reiz und reagiert darauf. So kann die Stimmung und die Begegnung immer gereizter werden. Was dann geschieht, kann jedes Vorurteil, das man vorher schon hatte, bestätigen und verstärken.

Humorvoll mit solchen immer wiederkehrenden täglichen Situationen umzugehen, ist nicht immer einfach. Wenn Menschen über andere Personen sprechen, stellen sie häufig das Negative dieser Person heraus, auch wenn es »nur« ein Vorurteil ist. »Kennst du die …?«, fängt ein solches Gespräch dann oft an. »Gestern habe ich sie getroffen, und weißt du, was sie wieder anhatte? Dann sage ich zu ihr: ›Findest du das nicht ein bisschen altmodisch?‹ Und dann ist sie ausgerastet!«

Wenn wir die Geschichten so erzählen, erzählen wir sie immer so, dass wir am Ende »recht haben« und der andere als der »Unvernünftige« oder »Unbelehrbare« dasteht. Um zu zeigen, wie eine solche Reaktionskette entsteht und gleichzeitig Spaß damit zu haben, lasse ich in meinen Seminaren einen Teilnehmer (Partner A) nach dem Anziehen der roten Nase auf den anderen (Partner B) »einwirken«. Das Ziel ist es, bewusst und mit Absicht – aber ohne Körperkontakt, also »nur« durch die Haltung, die Stimme und eventuell durch die Worte – eine Stimmung zu erzeugen, die eine Reaktion im Partner hervorruft. Partner B achtet dabei auf seine wirkliche Reaktion, die sich im Körper als Gefühlsreaktion oder mit Worten spontan zeigt, und erlaubt sich, genau diese Reaktion zu verstärken. Partner A nimmt diese Reaktion als Anlass für sein Verhalten, das er nicht ändert, sondern sogar verstärkt nach dem Motto: »Ich muss so reagieren, weil du so bist!«, obwohl er die Reaktion als Erster hervorgerufen hat. Der Partner tut das Gleiche, sie schaukeln sich darin hoch und haben am besten viel Spaß dabei.

Ziel dieser wiederholt durchgeführten Übung ist es, zu merken, wie sehr wir andere als Grund nehmen, in einer Weise zu reagieren, die unsere Annahme über den anderen bestätigt. Das hat überhaupt nichts damit zu tun, ob dieser Mensch wirklich so »ist« oder nicht. Tatsächlich will ich ihn in seiner mir bekannten oder provozierten Art halten, damit ich einen guten Grund habe, weiterhin so zu reagieren wie bisher. Wenn wir davon ausgehen, der oder die »ist so«, geben wir uns und dem anderen keinen Freiraum, auch anders zu reagieren, und er wird sich zur Wehr setzen, so wie er oder sie es kennt. Wenn jemand Angst vor Kritik hat, wird er dazu neigen, alle Kommentare als Kritik aufzufassen und schon vorher eine Art Abwehrreaktion entwickeln und sie sich zurechtlegen. So zieht sich jemand beispielsweise stets zurück oder nimmt eine entschuldigende Haltung ein oder sagt: »Ist schon recht!«, bevor er dazu einen konkreten Anlass hat.

Alle diese Verhaltensweisen können zum Beispiel Ärger im anderen auslösen. Je mehr ich mich entschuldige, umso ärgerlicher werden die Menschen um mich. Oder andere Menschen könnten sagen: »Sie brauchen sich nicht zu entschuldigen.« Das wird nicht überzeugen und wahrscheinlich nur das Misstrauen wecken, die anderen würden nicht das sagen, was sie wirklich meinen. Jemand, der sich gewohnheitsgemäß immer zurückzieht, wird nicht wahrnehmen, dass es aktuell keinen Grund gibt, sich zurückzuziehen. »Wenn ich mich zurückziehe, muss es einen Grund gegeben haben«, ist die Denkweise. Das wird zu einem verhängnisvollen Teufelskreis und bestimmt die Beziehung weiterhin, sodass andere einem schon vorher aus dem Weg gehen. Sie fangen an, sich zurückzuziehen, wenn sie jemand sehen. Also kann der Rückzug das gleiche Verhalten im anderen auslösen, was wiederum bestätigt, dass es wohl einen guten Grund für den Rückzug gibt. Das bestätigt die Grundannahme: »Etwas an mir oder etwas mit mir stimmt nicht.« Ein solcher Teufelskreis hört nicht von allein auf – Sie können immer wieder anfangen, Ihre Teufelskreise im Alltag ohne Anlass zu leben. Sie brauchen niemand, über den Sie sich ärgern – Sie ärgern sich von ganz alleine. Einen Grund finden Sie immer.

Wenn ich merke, wie sehr ich in Lebens- oder Kommunikationsspielen gefangen bin, kann ich anfangen, das »Skript« zu ändern. Ich kann damit beginnen, meine Lebensspiele als »Spiele mit Wirkung« zu sehen. Ich kann versuchen, zunächst das Spiel zu ändern und eine andere Variante auszuprobieren. Ich kann überhaupt merken, dass vieles an meinen Reaktionen und Geschichten genauso gut in einem Drama oder in einer Komödie vorkommen könnte. Deshalb sage ich, dass in uns allen ein

Clown schlummert, die Fähigkeit, das Leben in ein Spiel zu verwandeln und es als Spiel zu erleben. Wenn ich Lebensspiele und mein Verhalten spiele und »aufblase«, erlebe ich mich in diesem Augenblick als Null, denn Spielen und »Aufblasen« sind »Null-Fähigkeiten« und machen Humor überhaupt erst möglich.

Oft sind Seminarteilnehmer damit beschäftigt, wie sie das Verhalten ihres Ehepartners, eines Freundes, Vorgesetzten oder Mitarbeiters, das sie nicht mögen, mit Humor verändern oder ertragen könnten.

Ein Beispiel: Eine Mutter wollte immer wieder bei ihrem Sohn aufräumen. Ihr Sohn ließ sie nicht ins Zimmer und spielte weiter seine Computerspiele. Wir tauschten die Rollen: Sie setzte sich auf einen Stuhl und stellte sich einen Computer vor sich vor. Nach anfänglichem Zögern fing sie an, mit der Hilfe einer selbst erzeugten Geräuschkulisse und den Bewegungen eines imaginären Joysticks sowie mittels eines fantasierten Computerspiels richtig Spaß an dieser Beschäftigung zu finden. Noch mehr Freude fand sie daran, sich vorzustellen, ihre »Mutter« würde sie vergeblich rufen und an der Tür klopfen. Da ging ihr plötzlich auf, wie sie dazu beitrug, dass ihr Sohn an seinem Computerspiel festhielt, da es ihm so viel Spaß machte, sie auszusperren.

Für die Mutter war es zunächst wohltuend, endlich verstanden zu haben, was in ihrem Sohn vor sich ging. Wenn sie ihm infolgedessen zeigen kann, dass sie sich in ihn hineinversetzen kann, dass sie versteht, was ihm am Computerspiel so viel Spaß macht, hat sie die besten Voraussetzungen, ihren Sohn zu einer wie auch immer gearteten Kooperation zu bewegen.

Wir neigen dazu, andere in ihren Lebensspielen zu bestätigen. Wenn uns ein Verhalten stört, versuchen wir oft durch ein »Mehr desselben« das Spiel zu beenden, nach dem Motto: Wenn du mich nicht hören willst, rede ich umso lauter. Wenn also beispielsweise bei einem Ehepaar der eine Partner immer früh aufsteht und Dinge erledigt und der andere Partner länger schläft und in den Tag hineinlebt, kann dieses Thema oft zu einem erheblichen Streitpunkt werden. Wenn der Frühaufsteher will, dass der Langschläfer sich ändert und früher aufsteht, und anfängt, ihn oder sie bewusst früh zu wecken, wird er wahrscheinlich auf große Gegenwehr stoßen. Wenn der andere dann noch länger schläft und sich weigert, irgendetwas zu machen, bis er »ausgeschlafen hat«, wird das den Ärger bei seinem Partner oder seiner Partnerin schüren. Beide Partner fühlen sich vom anderen betrogen.

Ein solcher Teufelskreis ist ein Drama, in dem beide die Rolle des Opfers einnehmen. Jeder bringt jeweils den anderen dazu, zu reagieren. Keiner sieht den eigenen Anteil an der entstandenen Situation.

Wenn ich aber merken würde, wie ich auf andere wirke, wäre mir auch bewusst, in welchem Teufelskreis ich stecke. Wenn ich erkenne, welche Menschen mir »Probleme machen« und was mich an ihnen stört, könnte ich mich fragen, wie ich auf keinen Fall wirken will.

Ein Teufelskreis ist per definitionem vergeblich. Es bieten sich meistens zwei Möglichkeiten an: Entweder, ich akzeptiere, dass ich ein Opfer bin und finde mich damit ab, oder ich wehre mich dagegen. Also lehne ich mich innerlich oder öffentlich auf. Das kann allerdings dazu führen, dass ich anderen Leid antue, sodass ich kein Opfer mehr bin, sondern Täter. Wenn ich zum Beispiel meine, immer den Kürzeren zu ziehen, könnte ich mir vornehmen, nie wieder den Kürzeren zu ziehen. Lieber soll jetzt ein anderer den Kürzeren ziehen. Ich habe lange genug gelitten! Ich bin nicht mehr das »Opfer«, sondern der »Täter« oder »Bestrafer«. Aus meinem Teufelskreis komme ich damit aber nicht heraus, ich nehme jetzt nur die andere Position ein. Und wenn »das Opfer« sich wiederum wehrt, werden die Positionen erneut gewechselt.

Dieser Tischlein-wechsle-dich-Teufelskreis wird in der Transaktionsanalyse als »Dramadreieck« beschrieben – ein Teufelskreis mit drei Positionen, die nach Belieben gewechselt werden. Die dritte Position ist die des »Retters«. Wenn einer versucht, ein »Opfer« zu »retten« oder ihm zu »helfen«, und das »Opfer« sich nicht retten lässt, wird der »Retter« oft sehr ärgerlich über ihn und bringt dies offen oder verdeckt zum Ausdruck. Er könnte das »Opfer« beschimpfen oder in anderer Weise bestrafen und so wird aus einem »Retter« ein »Bestrafer« oder »Täter«. Das könnte einen Gegenangriff bewirken und schon wird der Angreifer angegriffen und zum »Opfer«, das wiederum »gerettet« werden könnte. Schon ist der Teufelskreis der drei Rollen geschlossen. Auf dieser Basis können Feindschaften über Jahre aufrechterhalten werden.

Aus der eigenen Familie kenne ich dieses Spiel sehr gut. Meine Mutter (Opfer) wurde jahrelang von ihrer Schwägerin (Täter) angegriffen und ausgelacht, weil sie sie für dumm hielt. Als es der Schwägerin nicht gut ging (Opfer), versuchte meine Mutter, ihr durch Anrufe und Besuche zu helfen (Retter). Dafür wurde sie noch mehr beschimpft (Opfer), und schließlich wurde sie auf die Schwägerin wütend und fing an, jede Gelegenheit zu nutzen, sie schlecht zu machen (Täter). Dies führte die Schwägerin wieder in die Opferposition, die ihr sehr viel Selbstmitleid einbrachte und wieder einen Grund zum Gegenangriff lieferte! (Täter)

Ich nenne diesen grundlegenden Teufelskreis ein »Opferspiel«, weil mir scheint, dass diese Rolle die Hauptposition, die Hauptmotivation ist. Wir sehen uns lieber in der Rolle des Opfers oder des Retters als in der Rolle des Täters. Aber in diesem »Lebensspiel« hat auch der Retter keine Chance und wird am Ende zum Opfer, was ihn entweder zu neuen Rettungsversuchen oder zu Rachefeldzügen anregen kann. Selbstmitleid kann zur »Selbstwichtigkeit« führen und die Angst vor Gesichtsverlust und Beschämung kann den Zorn anfachen – und schon dreht sich wieder das Karussell des Teufelskreises!

In jedem Teufelskreis wie in jedem unserer persönlichen Muster haben wir das Gefühl, recht zu haben, weil »es so ist«, auch wenn wir uns als Opfer fühlen. Die Denkweise entspricht der Formel: »Es ist so, weil es so ist.« Oder: »Ich bin so, weil ich so bin.« Das begründet und rechtfertigt jedes Verhalten. »Ich konnte nicht anders« ist eine weitere Variante: »Ich musste es tun – ich hatte keine andere Wahl.« Wir stellen uns gerne vor, machtlos zu sein, weil wir dadurch keine Verantwortung übernehmen und nicht handeln müssen, besonders dann, wenn wir wissen, wir hätten doch anders handeln können. Nur hatten wir Angst davor oder befürchteten unangenehme Konsequenzen.

Wenn man dann provozierend zustimmt und meint: »Klar, von einem hilflosen Menschen kann man eh nichts erwarten!«, könnte es entweder sein, dass derjenige sich wirklich gesehen fühlt, weil er so tief in diesem Glauben steckt, oder er wehrt sich dagegen, in eine solche Ecke gestellt zu werden. Aus diesem Grund hat die »humorvolle provokative Intervention« im therapeutischen Gespräch ihren Platz gefunden. Aber auch hier kommt es darauf an, ob die Beziehung zwischen Therapeuten und Klienten menschlich stimmt. Nur in einer Atmosphäre des Vertrauens kann man erfolgreich solche Mittel therapeutisch anwenden, sonst werden sie als Kritik und als Ausnutzung einer Schwäche aufgefasst.

Spaß am Theater des Alltags

Der spielerische Umgang mit Teufelskreisen, Programmen und Mustern

Wenn wir uns sehen könnten, würden wir lachen

Das Ziel meiner Auftritte, Trainings und Beratungen ist es nicht allein, Menschen zum Lachen zu bringen, sondern ihnen zu einer humorvollen Haltung und zu mehr Lebendigkeit im Leben zu verhelfen. Unsere Lebendigkeit ist die Quelle aller Kreativität. Wir lachen im Grunde, weil wir leben und die Welt lebendig erfahren. Dies dauerhaft zu erleben, ist ein lebenswertes Ziel, finde ich.

Wenn wir selbst auf einer Bühne sehen würden, was wir jeden Tag tun und vollen Ernstes behaupten, würden wir möglicherweise lachen. Denn aus unserer Null heraus spüren wir, dass unsere absoluten Behauptungen nur aus einer Teilerfahrung geschehen. Die ganze Welt ist nicht so, wie wir sie sehen, es sei denn, jemand wäre so anmaßend, zu behaupten, die ganze Welt zu sein. Eine solche Behauptung hat etwas Lächerliches, etwas Grandioses. In unserem Ernst machen wir uns groß und wichtig.

Eines der größten Hindernisse ist die Vorstellung, man müsste ganz anders sein oder sich von der Welt lösen, um Humor zu haben. Ein weiteres Hindernis ist, überhaupt wahrzunehmen, was man jeden Tag tut, und mitzubekommen, was man jeden

Tag denkt, wie man geht, atmet und sich verhält, was einen ärgert und traurig macht, was einen freut.

Wir sind selbst das Material des Humors. Komik entsteht aus unserem Verhalten, aus dem spielerischen Umgang mit der Art, wie wir werten und bewerten, wie wir uns und die Welt sehen und wie wir mit anderen Menschen kommunizieren – was wir sagen und was wir tun. Gleichzeitig ist es wichtig zu erkennen, was wir zu unserem Wohlsein als Mensch brauchen und wie wir uns selbst daran hindern oder genau das wählen, was wir nicht brauchen – in meiner Sprache: Wie wir Esel sind.

Wir benutzen gern die »anderen«, um über sie zu lachen – worüber müssten andere lachen, wenn sie uns erleben? Die eigenen täglichen Handlungen auf eine »Bühne« zu bringen – auch auf eine innere Bühne –, gibt uns die Möglichkeit, sie genau aus der Sicht eines Zuschauers wahrzunehmen. Ich sehe dann mein Verhalten, meine Aussagen, meine Gefühlsreaktionen und was sie auslöst. Ohne mein Verhalten und das meines Gegenübers wahrzunehmen, kann ich nicht anfangen, die Gesamtsituation wahrzunehmen und die zugrunde liegenden Dynamiken zu erkennen. Wenn ich meine Impulse in einer Situation nicht wahrnehme, bekomme ich kein Bild von dem, was stattgefunden hat. Wenn ich das Verhalten meines Gegenübers nicht beobachte, habe ich keine Möglichkeit, ihn zu verstehen. Und wenn ich kein Gefühl dafür habe, dass ich jeden Tag an vielen Szenen teilnehme und dass ich sehr wohl Szenen mit »inszeniere«, werde ich keine Möglichkeit haben, mein Leben zu gestalten.

Wenn wir die kleinsten Bausteine unseres Verhaltens, unsere Impulse, wahrnehmen, ohne sie gleich in die bekannten Zusammenhänge zu bringen, können und werden wir andere Möglichkeiten und Formen des Handelns entdecken und entwickeln. Wenn wir uns von außen sehen würden, ohne zu wissen, wer das ist, würden wir öfter lachen, weil wir dann – ohne recht haben zu müssen – sehen würden, wie wir entschieden haben, die Bausteine zusammenzusetzen: Welches Verhalten wir entwickelt haben und wie wir genau die Situationen mitschaffen, die wir für so schwierig halten. Wir würden möglicherweise erschrecken, uns so zu sehen – wie Menschen, die sich zum ersten Mal in einem Film selbst sehen. Wenn wir an einer Situation etwas ändern wollen, dann ist dies am ehesten möglich, indem wir uns selbst verändern.

Um mit solchen Spielen aufzuhören, ist es wichtig, sie überhaupt als Spiel zu erkennen. Das kann nur geschehen, wenn die Beziehung, das Spiel, die Liebe, das Echtsein und das Leben selbst wichtiger sind als der Versuch, zu gewinnen oder zurechtzukommen. Erst wenn wir die Signale erkennen – bestimmte Worte und der sich anbahnende Gefühlszustand, die Unruhe und der Ärger –, die unweigerlich zu derselben bekannten Situation führen, können wir anfangen, die komische Seite zu sehen und immer mehr den Wert der Null erkennen.

Entscheidend für eine humorvolle Haltung ist die Erkenntnis, dass unser Verhalten oft zum Lachen ist. Ein Teufelskreis mag zwar direkt keinen Spaß machen, schafft aber eine gewisse Genugtuung durch das Mitleid oder Selbstmitleid, das aus der Rolle eines Opfers entsteht. Diese Rolle verleiht demjenigen eine gewisse Bedeutung. Aus einem anderen Blickwinkel heraus könnte man sich die Opferrolle sehr leicht als Clownrolle, einen Teufelskreis als Clownnummer vorstellen, wenn nicht die Rolle und das Drama Ausdruck eines Leidens und einer Not wären. Die Rollen, die wir einnehmen, um mit unserer Not klarzukommen, sind oft eine Abwehrreaktion und der Versuch, uns vor dem Schmerz zu retten oder uns dagegenzustellen. Wir ziehen diese Rollen oft der direkten Begegnung vor. Ernsthaftigkeit ist häufig der Ausdruck einer Angst, wirklich lebendig zu sein, unseren Schmerz wie unsere Freude zu fühlen und lebendig zu handeln. So versuchen wir auf verschiedenste Weise, das Leben zu kontrollieren und die Folgen des Lebens zu meiden.

Voraussetzung für eine humorvolle Haltung ist daher eine grundsätzlich wohlwollende Haltung sich selbst und anderen gegenüber, die es ermöglicht, mit dem eigenen Verhalten zu experimentieren und die Lust am Ausdruck und Spiel zu finden.

Die Komik in der Vergeblichkeit

Ein Teufelskreis ist vergeblich und unlösbar aus sich selbst heraus. Der Teufelskreis ist ein »blinder Fleck«, den wir durchaus bei anderen erkennen würden. Wir haben uns so sehr daran gewöhnt, dass wir sogar »Vorteile« daraus ziehen, an der Situation nichts zu ändern. Allein aus unserem System der Herkunftsfamilie heraus hätte keiner wirklich ein Interesse daran, uns aus dem Ernst zu lösen. Die Beteiligten würden vielmehr alles dafür tun, uns in dieser Position zu halten. Wenn es unseren Interessen dient, jemand in einer bestimmten Position zu halten, lassen wir ihn ungern aus der Rolle heraus, denn sonst müssten wir unsere Position ändern.

Wenn sich jemand »ernst nimmt«, glaubt er zu hundert Prozent, dass er so »ist«. Er fühlt, denkt und handelt auch so. Gleichzeitig will er meistens nicht so sein, wenn es wehtut, so zu sein. Er wehrt sich dagegen und die Spannung und der Schmerz in ihm können sich deshalb nicht lösen, weil er etwas erlebt, was er nicht erleben will. Stattdessen erlebt er inneren Kampf.

Als Clown blase ich mich in dieser Haltung auf, bis ich »hundertprozentig« von dem überzeugt bin, was ich für so ernst und wahr halte. Ich verstärke meinen Ausdruck und gehe bis zum Äußersten, ohne das Gefühl zu verändern oder mich darüber lustig zu machen. Statt unter der Haltung zu leiden, genieße ich meine Fähigkeit, dies so deutlich auszudrücken. Ich bin so davon überzeugt, dass ich diese Haltung zu einer »Botschaft an die Welt« mache, die jedem und allem gilt. Ich freue mich, absolut im Recht zu sein und die einzig richtige Haltung eingenommen und der Welt die einzig richtige Antwort gegeben zu haben.

Eine sehr ernsthafte Kursteilnehmerin mit seriösem Beruf versuchte, eine eigene Clownrolle auf die Bühne zu bringen und zu präsentieren. Da es ihr so wichtig war, die Rolle »perfekt darzustellen«, stellte sie fest, dass sie dauernd Fehler machte und gar nicht in die richtige Stimmung kam. Sie stieg aus der Rolle aus, stand missmutig auf der Bühne und wusste nicht weiter. »Es ist alles falsch!«, sagte sie. Ich witterte als Regisseur die Chance: »Sag das noch mal: Es ist ja alles falsch!« Ich reduzierte ihre Aussage auf ein schlichtes »Falsch!«. Sie fing an, alles als »falsch« zu bezeichnen, und ich verstärkte ihren körperlichen Ausdruck dabei. Als ich sie noch anwies, sich selbst als »falsch« zu bezeichnen, war sie schon dabei, es zu genießen. Sie tänzelte herum und rief fröhlich und munter »Falsch!« Sie hatte Riesenspaß und empfand eine Riesenbefreiung. Sie entdeckte dabei eine Frechheit und Keckheit, die sie sich sonst nicht erlaubte, und lachte befreit auf. Zum ersten Mal konnte sie sich den Satz erlauben: »Ich darf auch falsch sein!« Sonst lebte sie nach dem Motto: »Mach bloß keinen Fehler!« Das hatte sie nicht nur gehemmt, sondern hielt sie im Teufelskreis, alles »richtig« machen zu müssen. Dieser Teufelskreis konnte sie aber auch nicht zufriedenstellen, denn selbst wenn sie alles »richtig« machte, stellte sie für sich fest, dass es doch falsch war.

Wie daraus eine »Vergeblichkeitsnummer« entstehen kann, soll dieses Beispiel zeigen:

Ein Clown kommt auf die Bühne, ein langer Kerl mit grüner Perücke. Er ist ziemlich fertig mit der Welt und sich. Er scheint sehr bedrohlich zu wirken, aber seine bedrohliche Miene wandelt sich in ein verlegenes Lächeln und er krümmt sich und nimmt sich zurück, als würde er sich entschuldigen dafür, dass er es wagte, so böse zu sein. Er versucht es wieder mit der Bosheit und baut sich bedrohlich auf, aber wir müssen darüber lachen, weil wir sehen, wie viel Mühe es ihn kostet. Tatsächlich bekommt er es wieder mit der Angst zu tun. Er krümmt sich so sehr, dass fast seine ganze Größe verschwindet. Er lächelt aber gerade so, als würde ihm das alles nichts ausmachen. Er holt aus der Hosentasche eine zusammengefaltete große Einkaufstasche und versucht sich in die Tasche zu stecken. Das gelingt ihm überhaupt nicht, weil er so dermaßen groß und lang ist. Und so steht er in seiner Tasche und hält die Riemen. Er sieht erbärmlich aus, lächelt und scheint doch ganz glücklich zu sein, weil seine Tasche voll ist.

Eine Clownnummer lebt eben vom Scheitern des Clowns, weil er einen Teufelskreis ernst nimmt und dennoch darin die Null findet. Gleichzeitig ist es diesem Kursteilnehmer durch das Erleben und Erspielen seiner Vergeblichkeitsnummer im realen Leben gelungen, den Weg zur Lebendigkeit und zum Lebenssinn zurückzufinden.

Man könnte an Lachprogrammen teilnehmen, ohne wesentlich die Grundstimmung zu verändern, wenn das Lachen die Grundprogramme und -überzeugungen nicht wirklich berührt oder aufwiegt. Dann werden sie zu Übungen, die man »auch schon gemacht« hat, die aber letztendlich auch nicht helfen. Von der Position der Null aus gesehen, ist es jedoch ein Irrtum zu glauben, wir könnten etwas daran ändern, wenn wir keine Schwächen mehr hätten oder keine Fehler mehr machen würden, wenn wir »positiv denken« würden oder »immer fröhlich« wären. Daraus könnte man wieder eine Clownnummer machen …

Die Krise auf die Spitze treiben

Krisen, Hindernisse, Störungen und Grenzen als Spielmaterial anzusehen, ist eine gute Wahl für den praktischen Umgang mit dem vorgeprägten Alltag. Wenn man dies konsequent nutzt, gibt es keine wirklichen Störungen oder kein wirklich störendes Verhalten, an dem man »kleben bleibt«. Man kann immer entscheiden, wie man handelt, zum Beispiel, wie man etwas sagt oder nicht sagt, ob man etwas tut oder innehält. Man verliert die Angst vor der Störung und vor Gefühlen oder Reaktionen, die man nicht gerne hat. Man schafft sich beim Spielen einen Freiraum und befreit die Energie, die sonst auf die Angst oder auf das Nichthandeln gerichtet war.

Wenn sich eine Hemmung zeigt, braucht man die Hemmung gar nicht zu ignorieren, sondern man kann sie verstärken, ausbauen und genießen, bis sie zur »einzig möglichen Reaktion« wird. So habe ich auch beim Stottern des Jungen gehandelt, als ich ihn ermutigte, dieses Verhalten auf der Bühne zu verstärken und später auch zu genießen.

Warum sollte eine Lebenskrise eine Chance sein? Weil eine Lebenskrise etwas deutlich macht, auf das man bis dahin nicht geachtet oder das man nicht wertgeschätzt hat. Aus eigener Erfahrung kann ich bestätigen: Beziehungskrisen, finanzielle oder gesundheitliche Krisen lösen bestimmt kein Lachen aus. Dennoch: Sie haben mir aufgezeigt, dass etwas an meiner Lebensweise, an der Beziehung oder an den Finanzen nicht gestimmt hat. Sie haben mir gezeigt, dass ich Hilfe und Rat brauche und dass ich die Situation nicht allein meistere. Sie haben mir gezeigt: Ich muss meine Finanzen grundsätzlich neu durchdenken oder mir darüber klar werden, was ich in der Beziehung wirklich will. Unfälle haben mir einen Hinweis darauf gegeben, dass ich meinen Ärger selbstzerstörerisch gegen mich richte. Sie haben mir gesagt: »Höchste Zeit, dass du herausbekommst, was dich ärgert und wozu das führt.« Wenn eine Lebenskrise tatsächlich nicht infolge des eigenen Handelns entstanden ist, geht es eher darum: »Wie kann ich jetzt handeln? Wo kann ich mir Hilfe holen?« Deshalb: Wenn man eine Krise wittert, könnte es viel helfen, sich die möglichen Folgen noch schlimmer auszumalen, um das Ausmaß zu erkennen, wie man wirklich zu der Sache steht, bevor die Situation tatsächlich schlimm wird.

Ich habe diese Methode immer wieder in meinem Leben angewandt, nicht allein auf der Bühne. Meine Entscheidung, beruflich ein Narr zu sein und meine persönliche Entwicklung an meine professionelle Entwicklung zu koppeln, hat immer wieder zu Krisen und Narrensprüngen geführt. Alle Krisen waren aber Ausdruck eines Wunsches, den ich mir noch erfüllen wollte. Diese Krisen waren jeweils mit viel Angst verbunden. Jedes Mal musste ich etwas aufgeben, was mir wenigstens etwas Sicherheit bot, meistens ein einigermaßen geregeltes Einkommen.

Einmal, als ich schon in Freudenstadt in der Psychiatrie als Clown und Theatertherapeut arbeitete und einige Clownseminare, Auftritte und Clowngruppen machte, listete ich auf, wie viel ich einnahm und welche Ausgaben ich hatte. Zu diesem Zeitpunkt arbeitete ich zwei Tage in Freudenstadt, am Abend des zweiten Tages in Stuttgart, am nächsten Tag in Ludwigsburg und von Freitag bis Sonntag gab ich meistens noch irgendwo ein Seminar. Die Wohngemeinschaft, in der ich zu diesem Zeitpunkt lebte, meinte, ich würde nie zu Hause sein. Ich wollte das nicht glauben, obwohl ich nur maximal einen Tag pro Woche zu Hause sein konnte! Da ich kurz zuvor auch noch einen Autounfall hatte, musste ich überall mit öffentlichen Verkehrsmitteln hinfahren, bepackt mit meinen Taschen, meinem großen Kassettenrekorder und meinen Kassetten.

Meine Kostenaufstellung besagte zwar, dass ich mit meiner selbstständigen Tätigkeit mehr einnahm als je zuvor in meinem Leben, nur gab ich auch alles aus, um Reisekosten, Essen und alles, was ich sonst zum Leben brauchte, zu bezahlen. Es war ein Nullsummenspiel. Wenn ich aber noch bedachte, dass ich ständig unterwegs war, kein richtiges Zuhause hatte, obwohl ich ein Zimmer in der WG bezahlte, immer auf die Gastfreundschaft anderer angewiesen und eigentlich total erschöpft war, rutschte meine Rechnung ins Minus. Meine Lösung war – wie immer: alles aufzugeben. Ich zog nach Freiburg, um am neu entstehenden Theater meines früheren Lehrers mitzuarbeiten. Aber schon beim Umzug merkte ich, dass ich mich einfach lösen wollte. Erst nach zwei Monaten wurde mir klar, dass sein Theater für mich und für ihn keine Lösung war. Danach war ich wie gestrandet. Ich schlief die erste Zeit auf dem Sofa eines Freundes und zog später in eine neue WG. Ich hatte nur noch die Arbeit in Freudenstadt, denn alles andere hatte ich aufgegeben. Ich wurde krank und hatte Schulden. Ich hatte die Krise nur noch deutlicher gemacht und sie forderte eine Lösung.

Ich war so weit, dass ich das tat, was für mich das Allerletzte war. Ich rief meine Eltern an und sagte ihnen, wie es mir wirklich ging. Bis dahin war ihnen das nicht so klar gewesen, auch unter meiner Tätigkeit hatten sie sich bis dahin wenig vorstellen können. Für mich war dieser Anruf die allergrößte Niederlage, und das mit fast 40 Jahren! Meine Eltern sagten auch, was ich befürchtete: Komm nach Hause. Sie schickten mir Stellenanzeigen für Sprachlehrer in England, denn finanziell helfen konnten sie mir nicht. Ich musste mich fragen, ob ich das wirklich wollte. Und ich kam zu folgender Schlussfolgerung: Um Sprachlehrer in England zu werden, bin ich nicht »gesprungen«. Mein Wunsch, als Clown und als Narr den Humor, den Freiraum und das Lachen zu verbreiten, war ja auch ein Auftrag an mich selbst. Ich suchte nach meinem eigenen Glück, nur war offensichtlich meine Art, das umzusetzen, fehlerhaft. Meine Vision begeisterte mich weiterhin. Ich brauchte also einen anderen Weg.

Eine Freundin gab mir den Tipp, nach Freudenstadt zu ziehen, was ich partout nicht wollte. Als ich aber den Chefarzt fragte, ob ich denn in der Psychiatrie mehr arbeiten könnte, lächelte er und sagte: »Gerne!« Er wies auf zwei weitere Kliniken in der Umgebung hin und bald hatte ich nicht nur wieder ein Einkommen, sondern eine viel klarere Vorstellung von dem, was ich eigentlich beruflich machen wollte. Ich zog in ein kleines Zimmer und fing zum ersten Mal seit vielen Jahren wieder an, in der Stadt zu arbeiten, in der ich auch lebte. Die Schulden wurden abgetragen, und ich hatte einen Weg gefunden, der eindeutig meiner Vision entsprach. Ein Narrensprung ist also nicht allein der Sprung vom einen zum anderen, sondern der Sprung in eine neue Lebensqualität, in eine bis dahin (mir) unbekannte Art zu leben.

Der Umgang mit Grenzen, Widersprüchen und Tabus

Vielleicht lachen Kinder deshalb so viel, weil sie ständig an einer Grenze stehen. Sie lernen das Leben erst kennen und somit ist für sie alles neu und unbekannt. Es gibt immer neue Seiten zu entdecken. Sie nehmen Beziehung zu allem und jedem auf und sind zunächst mit allen gut Freund. Die Freude, am Leben zu sein, ist ihnen näher als Erwachsenen, die vieles schon kennen, die Dinge schon festgelegt haben, die ihre Grenzen schon gesetzt und gesetzt bekommen haben.

Das Lachen entsteht an den Grenzen unserer Erfahrung, weil wir uns erst dort richtig kennenlernen, ebenso wie unsere Grenzen auch. Dort können wir sie respektieren. Die Grenzen von vielen Erwachsenen sind eng geworden. Sie haben ihre Möglichkeiten schon lange nicht mehr ausgelotet. Ihr Freiraum ist eingeschränkt. Sie kennen die Verbote, ihre Sicht hat Grenzen bekommen. Sie finden es vielleicht nicht einmal gut, dass es so ist. Sie haben dennoch viele (vernünftige) Gründe, weshalb »es eben so ist«. Unser Ernst stellt eine Grenze dar – unsere Annahmen und unsere Sicht der Dinge nehmen wir als »wahr« hin. Was immer wir annehmen, es beschreibt die Grundlage unseres Ernstes und unserer Teufelskreise und kann damit aber auch zugleich der Ausgangspunkt unseres Humors werden.

Als Erwachsene wollen wir oft klare Grenzen ziehen zwischen Ernst und Humor, zwischen Richtig und Falsch, zwischen Möglich und Unmöglich. Wenn diese Unterscheidung so klar wäre, würde es keinen Platz für Humor geben, denn es würde überhaupt keinen freien Raum mehr geben. Unsere Kreativität würde versiegen, und ich kann mit Gewissheit sagen, dass diejenigen Menschen, die sich als fantasielos und nicht kreativ, als unmusikalisch und ideenlos beschreiben, eine sehr enge Vorstellung von Vernunft an den Tag legen. Keine Frage, dass ihre Quelle versiegt und ihre Lebensfreude auch!

Die Qualität eines Clowns oder eines Narren besteht in seiner Fähigkeit zu spielen, zu überraschen und die Dinge infrage zu stellen, um zu prüfen, ob sie so stimmen, wie wir immer behaupten. Wer das nicht kann oder will, opfert seine Spontaneität, seine wahren Gefühle, sein Grundvertrauen und letzten Endes seine Würde.

Wenn Sie in Ihrem Leben etwas ändern wollen und zum Beispiel Ihre Wünsche aufschreiben, werden sich aller Wahrscheinlichkeit nach im nächsten Moment die vernünftigen Gegenargumente, die Vorbehalte, die Skepsis oder die Angst bei Ihnen bemerkbar machen. Das lässt sich nicht vermeiden. Wenn Sie aber nur darauf hören würden, hätten Sie in Ihrem Leben nie etwas verändert. Eigentlich ist jeder größere Schritt, den Sie jemals im Leben getan haben, auf den Sie jetzt stolz sind oder den Sie heute schon als selbstverständlich ansehen, ein Narrensprung gewesen. Sie haben einen Wunsch gespürt, und Sie haben auf etwas vertraut, was Sie nie bewusst beschreiben konnten, um diesen Wunsch zu erfüllen. Selbst wenn Sie Unterstützung bekommen haben: Den ersten Schritt haben Sie selbst getan. Darüber können Sie sich heute freuen.

Für den Clown ist eine Grenze erst der Anfang, das Tor zu einem freien Raum, der dem Freiraum entspricht, der auch in ihm ist. Für den Narren ist das Risiko, der Wahrheit ins Auge zu schauen, das Tor zur Null. Clown und Narr werden nicht nur bewundert, sondern auch gefürchtet. Denn sie bringen in eine bestehende Ordnung zunächst einmal »Chaos«. Sie werfen die Bauklötze durcheinander, um dann etwas Neues daraus zu bauen. Was sie aber auf keinen Fall tun: die Bauklötze kaputt machen. Genau das tun wir aber, wenn wir in unseren Dramen und in unseren festen Vorstellungen verharren.

Unsere Grenzen engen unser Denken, Fühlen und Handeln ein, wenn wir uns allein von unserer Prägung und von unserem begrenzten Erfahrungshorizont leiten lassen. Die Grenzen, die Menschen setzen, können wir immer infrage stellen, um zu sehen, ob sie noch gelten. Das mögen wir nicht. Dennoch hätte sich in der Welt nie etwas geändert, wenn es nicht immer auch Menschen gegeben hätte, die bestehende Grenzen hinterfragt und überschritten hätten. Wir werden ständig infrage gestellt und an Grenzen geführt, ob wir wollen oder nicht. Wir können diese Grenzen Herausforderungen nennen oder versuchen, sie abzuwenden. Das Leben setzt uns Grenzen, zum Beispiel durch Krankheit und Tod. Wer ist gerne krank? Wer will schon gerne dem Tod ins Auge blicken? Der Narr! Gleichzeitig stellt uns das Leben ständig Aufgaben, die unsere Grenzen im Denken, Fühlen und Handeln und unsere Möglichkeiten insgesamt erweitern. Wer geht schon gern an die Grenzen seines Spiels und lotet immer neue Möglichkeiten aus? Der Clown. Warum vertrauen Menschen in Not oft lieber einem Clown ihre intimen Wahrheiten an, als den Experten, die für sie da sein sollten?

Was Sie nicht sehen wollen und worüber Sie am liebsten schweigen, ist wahrscheinlich das, was eine ungeahnte und ungewollte Wirkung in Ihrem Leben hat: Menschen, die Sie stören; Verbote, Gebote und Schwüre, an die Sie sich deshalb halten, weil Sie Angst haben, nach dem eigenen Herzen zu entscheiden und zu handeln; Angst, nicht zu genügen, ausgeschlossen zu werden, alles zu verlieren, krank zu werden, zu sterben.

Im Gleichnis »Der verlorene Sohn« aus dem Evangelium nach Lukas gibt es eine Stelle, in der der jüngste »verlorene« Sohn so weit sein Erbe verprasst hat, dass er nur noch als Schweinehirt seinen Unterhalt verdient. Der Schweinestall, in dem er lebt, und die Reste des Schweinefraßes, die er zu essen bekommt, stehen als Symbol für sein spirituelles Elend und sein restloses Scheitern. Er hat alles ausgegeben, was er bekommen hat, und hat nicht gelernt, nachzufüllen. So ist der Schweinestall sein Los. Er ist am Ende.

Ich benutze dieses Bild als Grundlage für eine Erfahrung im Seminar, um eine erste humorvolle Konfrontation mit den hartnäckigsten Mustern, den Teufelskreisen, zu ermöglichen. Das Bild vom Schweinestall stellt aber auch für viele eine Möglichkeit dar, an eigene Grenzen spielerisch heranzugehen. Das Aufziehen der roten Nase vor dem Betreten des »Schweinestalls« erlaubt es zusammen mit einer Anleitung von außen durch mich, den »Schweinestall« als Spielraum zu erleben, in dem vieles – wenn nicht alles – erlaubt ist.

Im »Schweinestall« gibt es die Möglichkeit, Schattenseiten spielerisch auszuleben und dabei Lust zu empfinden, Seiten zu spielen, die wir ablehnen, bekämpfen oder verdrängen. Sich vorzustellen, zum Beispiel im Dreck zu wühlen, macht vielen Menschen deswegen Spaß, weil sie sich das sonst nie erlauben würden, obwohl sie vielleicht große Lust dazu hätten. Psychologisch gesehen mag das für viele unverständlich sein. Doch gibt es in der Welt viele »Saubermänner«, die in Wirklichkeit eine Menge »Dreck am Stecken« haben. Und nach allem, was Sie bisher in diesem Buch gelesen haben, werden Sie vielleicht nachvollziehen können, wie eine solche Möglichkeit helfen könnte, Humor zu schaffen.

Im »Schweinestall« gibt es Sauberschweine, Ordnungsschweine, politisch korrekte und inkorrekte Schweine, dominante wie unterwürfige Schweine, geschwätzige wie einsame Schweine, das Gewinnerschwein wie das Verliererschwein, das gierige Schwein wie das asketische Schwein, das vernünftige Schwein wie das blöde Schwein. Sie alle »Schwein« zu nennen – oft ein Schimpfwort –, wird hier als Einladung verstanden, gegensätzliche Haltungen einzunehmen und miteinander auszuprobieren, um auch Spaß daran zu haben. Es ist Partystimmung in diesem Schweinestall. Man kann »Theater« spielen, angeben, sich ekeln, den anderen den Marsch blasen, kritisieren, alles persönlich nehmen. Es gibt die Machtschweine und die Opferschweine, die bedürftigen Schweine und die Geberschweine. Es gibt sogar Helferschweine. Alle Gegensätze können hier vorhanden sein. »Schwein sein« heißt hier: recht haben. Jede Haltung wird gelebt, als ob diese Haltung die einzig richtige wäre und alle anderen Möglichkeiten ausschließen würde. Die Neigung, alles auszuschließen, was mir nicht passt oder ich nicht sehen will, ist kein Schutz dagegen. »Positiv« zu denken bannt das »Negative« nicht, sondern zieht es sogar an, besonders wenn das, was ich »negativ« nenne, für den anderen »positiv« ist.

Die andere Seite zu umarmen heißt auch nicht, genauso zu handeln wie der andere, sondern »in den Mokassins des anderen eine Meile zu gehen«, wie die Ursprungsvölker Amerikas, die Indianer, es ausdrücken. Es kann auch sein, dass Sie merken, an etwas Spaß zu haben, was Sie sonst ablehnen und nie zugeben würden.

Der zweite Aspekt des Schweinestalls ist die bewusste Herstellung und das Durchleben von Teufelskreisen – die Lust am Leiden. Wenn ich meine: »Ich genüge nicht«, könnte ich zu dem Schluss kommen, mich anstrengen zu müssen. Es kann sein, dass dies immer die Worte waren, die ich von meinen Eltern gehört habe. Und vielleicht gelang mir umso weniger, je mehr ich mich anstrengte. Es kann sein, dass ich durch viel Anstrengung viel erreicht habe, und dennoch genügte es mir selbst nicht. Der Teufelskreis erlaubt mir nicht, meine tatsächlichen Leistungen als solche zu genießen, denn sie genügen nicht dem Maßstab, den ich mir gesetzt habe und der mir einmal gesetzt wurde. Deswegen fühle ich mich immer wieder als Opfer und verliere die Lebenslust, die Freude und somit meinen Humor. Dennoch kann mir der Teufelkreis so vertraut werden, dass ich nicht gerne aus ihm aussteige.

Die Fähigkeit, im Spiel solche Teufelskreise tatsächlich nicht nur zu inszenieren, sondern auch Spaß daran zu finden, erstaunt immer wieder Teilnehmer und Teilnehmerinnen dieses »Schweineseminars«. Denn selbst wenn wir Wege aus unseren Teufelskreisen gezeigt bekommen, neigen wir alle dazu, an ihnen zunächst einmal festzuhalten – sie mögen unliebsame Gewohnheiten sein, aber immerhin bekannte und auch (früher) nützliche, ja überlebenswichtige Gewohnheiten. Zu sagen, diese Gewohnheiten würden uns Spaß machen, geht sicher zu weit, aber sie binden auf jeden Fall eine gewisse Lebenslust, Energie und Aufmerksamkeit. Wenn wir sie mit Lust spielen und bewusst erleben, stellt sich eine gewisse Lösung, eine Distanz dazu ein, ja, viele Teilnehmer fangen an, selbst zu lachen, je mehr sie diese Teufelskreise als »einzige Wahrheit« mit Lust und Übertreibung der Welt verkünden.

So bekommt jeder den Teufelskreis der anderen mit, und es entsteht immer wieder eine Atmosphäre von Verständnis, ja auch von Mitgefühl, Wertschätzung und Dankbarkeit. Die roten Nasen werden nach dem Spiel feierlich abgesetzt, um sich wieder als ganzer Mensch zu fühlen und zu zeigen, und der »Schweinestall« endet mit einem Dank und einer Anerkennung des eigenen Mutes und dem der anderen.

In der biblischen Geschichte kann der Sohn den Schweinestall ebenfalls erst verlassen, als er seinen eigenen Teufelskreis erkennt und offen zugibt. Ich erinnere mich an einen Pfarrer, der so aufgebracht gegen alle männlichen Autoritäten war – gegen seinen Vater, gegen seinen Bischof –, dass er am Ende der Schweinestall-Übung sich weigerte zuzugeben, dass dies bei ihm ein Teufelkreis sei, so sehr fühlte er sich in seinem Zorn gerechtfertigt. Man konnte förmlich sehen, wie er weiterhin seinen Schweinestall mit sich herumschleppte.

So verbinde ich die humorvolle Haltung der Null mit der Fähigkeit, die eigenen blinden Flecken zu erkennen und sie zu umarmen, ihren zeitweiligen Nutzen zu erkennen und wertzuschätzen. Ich muss sie dann nicht mehr leben und kann andere Wege gehen. Ich kann mich lösen.

Viele Kursteilnehmer machen die Erfahrung, dass die Differenzen untereinander und mit Gegnern nicht denselben Bestand haben wie das, was uns mit ihnen verbindet. Die Grenzen und Unterschiede zwischen uns trennen uns nicht, sondern verbinden uns. Sie müssen und können nicht aufgehoben werden. Sie werden dennoch durchlässig, wenn wir bereit sind, sie erst einmal anzuerkennen und wertzuschätzen. Das ist die Haltung der Null.

Auf diese Weise bekommen wir eine andere Haltung, eine andere Beziehung zu unseren Fehlern, zu unseren Zwängen und zu dem, was wir für so wichtig halten, was wir so ernst nehmen. Wenn ich durch Erfahrung gewachsen bin, sehe ich meine Fehler und die von anderen anders. Ich muss mir nicht alles bieten lassen, ich muss aber auch nicht dafür kämpfen, dass sich jemand ändert, der sich nicht ändern will. Vieles ändert sich, wenn es den Raum dazu bekommt. Ich sage: »Ich mache Fehler – na und?«

Das kann den Verstand von seiner vermeintlichen Aufgabe befreien, alles kontrollieren zu wollen, und uns die Erlaubnis geben, selbst als Erwachsene Dinge zu tun, die einfach Spaß machen, zu spielen, neue Herausforderungen zu suchen und mehr Wert auf die Qualität von Beziehungen zu legen.

Die Intensität des körperlichen Ausdrucks und die Kraft der Selbstinszenierung hilft, Erfahrungen näherzubringen. Wie gesagt, Spiel ist nicht ohne Realität, sondern verstärkt im Gegenteil den körperlichen und gefühlsmäßigen Ausdruck innerer Einstellungen und Denkweisen. Es verstärkt das Wesentliche einer inneren Einstellung und reduziert sie damit zugleich auf das Wesentliche. Dies verlangt und trainiert eine hohe innere und äußere Flexibilität und stärkt damit die Humorfähigkeit und Spiellust der Null. Die Wiederholung des Ausdrucks entspricht der Tatsache, dass wir alle Glaubenssätze ständig innerlich wiederholen, und entspricht damit auch unserem Verhalten. Wir wiederholen uns immer wieder und bestätigen uns daher immer wieder. Wir lernen durch diese Wiederholung. Mechanische oder halbherzige Wiederholung allein hilft wenig. Schmerzhafte Wiederholung bekräftigt nur den Schmerz.

Erst den Genuss beziehungsweise die Kraft in der Wiederholung zu erleben, verändert etwas. Es geht darum, die Lust am Wiederholen zu entdecken und aus vollem Herzen und mit Lust oder Genuss zu wiederholen. Die Lust ist dort, wo wir bewusst und mit Kraft dieselben Gedanken, Haltungen und Verhalten wiederholen, die wir sonst »automatisch« oder zwanghaft leben.

Bewusstes und verstärktes Wiederholen ändert den Charakter des Erlebten und schöpft die Kraft, die darin steckt. Es schafft sowohl eine Nähe zum Erlebten als auch eine Distanz. Wir regen dadurch mehr unsere Neugierde als die Gegenwehr oder die Abneigung an. Die Qualität einer Situation, ihre Absicht, der Kontext und deren Sinn ändern sich.

Die Fähigkeit, die Spannung zu halten, das Gefühl nicht zu verfälschen und nicht davor wegzulaufen, stärkt das Selbstvertrauen in die eigenen Möglichkeiten, in den Mut und daher in die »Null-Fähigkeit«. Jede Wertung und Haltung ist Ausdruck einer Kraft. Wir müssen nicht darunter leiden. Wenn ich mir erlaube, meine Vorstellung von »hässlich« auszudrücken, und die Kraft, die in diesem Wort steckt, genieße, verliert es seine negative Wirkung auf mich.

Bewusst unsere Rollen, Teufelskreise und Widersprüche als Teil unseres »Theaterspiels« zu sehen, heißt nicht, jemand etwas vorzuspielen. Es gehört zu den ersten Schritten, aus einem Theaterstück, das wir unser Leben nennen, auszusteigen und authentische, wirkliche Beziehungen zu leben, die ein wichtiger Bestandteil von Orientierung und Glück sind.

Unser Verhalten besteht aus Taten, Gesten und Mimik. Es wird durch unsere Gedanken und Gefühle, durch unsere instinktiven sowie durch unsere bewussten und unbewussten Absichten motiviert. Das Verhalten ist die Grundlage aller Aktivitäten, die auf einer Bühne stattfinden, ob als Schauspiel, Drama, Musical, Oper, Pantomime oder Clownvorstellung. Wir bewegen Menschen dadurch, dass wir Geschichten erzählen und Bilder des menschlichen Lebens in verschiedensten Formen ansprechen. Die Parallele zwischen »Spiel« und »Wirklichkeit«, »Bühne« und »Leben« gibt uns die Möglichkeit, auch uns zu bewegen und die spielerische Seite kennenzulernen.

Unser Körper, unser Fühlen und Denken sind durch Programme und Muster geprägt sowie mit Zuschreibungen, Neigungen und Abneigungen versehen. Das bewusste Erleben dieser drei Instanzen kann uns helfen, sie auseinanderzuhalten und ihr gemeinsames Wirken im Alltag zu verstehen. So lernen wir uns immer besser kennen und können zulassen, dass die Null in uns immer mehr an unserem bewussten Leben Anteil hat. Im Körper festgehaltene Geschichten, persönliche Lebensspiele und Verhaltensmuster gefühlvoll und authentisch zuzuspitzen, hilft, sie auch im Körper zu lösen und somit unseren Standpunkt und unsere Sichtweise tatsächlich zu verändern.

Wenn man vernünftige Entscheidungen treffen will, bestimmt der Verstand das Fühlen und das Verhalten. Oft begründen wir emotionale Entscheidungen intellektuell und meinen dabei, »sachlich« zu sein. Unsere Emotionen außer Acht zu lassen, ist für uns ebenso schädlich, wie wenn uns die Emotionen bestimmen und alle rationalen Entscheidungen über Bord werfen. Viele Menschen sind hauptsächlich von ihren körperlichen Empfindungen bestimmt und ständig mit Symptomen beschäftigt.

Wir können also jeweils vom Verstand, vom Fühlen oder vom Körper bestimmt werden. Diese drei Aspekte können zu Werkzeugen werden, die gut miteinander kommunizieren und im Gleichgewicht miteinander leben. Das heißt wir nehmen uns in diesen Aspekten wahr oder der eine oder andere Aspekt kann vorherrschen, unsere Wahrnehmung und die Fähigkeit stören, uns selbst zu bestimmen.

Mit diesen Aspekten spielen zu können, sie zu verstärken, ihre Impulse wahrzunehmen, ist eine Grundfähigkeit des Clowns und des Narren. Komiker, die hauptsächlich mit dem Wort und mit Witzen arbeiten, haben eine ausgeprägte Beobachtungsgabe. Wir können uns die Situationen, die sie beschreiben, genau vorstellen.

So können Sie sich im Alltag durch die Wahrnehmungsübungen im Kapitel »Die Null erkennen und stärken« (Seite 33 ff.) auf die Schliche kommen und dann mit Ihren Mustern und Teufelskreisen arbeiten. Sie können den Spiegel benutzen, um eine Übung mit dem Körper zu machen. Sie können sich dabei zunächst wohlwollend in die Augen blicken und versuchen, das Wohlwollen weiter zu verstärken, indem Sie sich vorstellen, dass eine andere wohlwollende Person Sie anschaut. Sie können dann anfangen, die Gesichtszüge, die Augen, den Mund, die Nase, die Ohren, den Hals, die Wangen nach und nach zu betrachten. Indem Sie sich neugierig und liebevoll betrachten, tun Sie das, als ob Sie noch nie zuvor eine solche Nase oder einen solchen Mund gesehen hätten! Und wenn Sie soweit sind, können Sie allmählich das ganze Gesicht anschauen und sich anlächeln.

Sie kennen das sicher: Sie schauen in den Spiegel und der »Kritiker« in Ihnen schaltet sich mit seiner Meinung über Nase, Gesicht, Haare, Figur usw. ein. Sie haben vielleicht oft eine negative Meinung über sich und Sie kennen sich ganz genau! Ich habe als Kind versucht, mich von dieser Meinung zu lösen, indem ich mich vor dem Spiegel weggedreht und mich dann schnellstens umgedreht habe, um den Spiegel und meine eigenen Augen auszutricksen. Ich wollte mich »unbeobachtet« erwischen! Es klappte nie ...!

Jetzt können Sie eine zweite Runde drehen und alle Ihre Kritikpunkte herausstellen. Sie können einen langen Spiegel dafür nehmen. Stellen Sie jeden Kritikpunkt stolz heraus! Ich bin so und so bleibe ich! Ausrufe des Erschreckens sollten auf jeden Fall jede furchterregende Entdeckung begleiten. Sie können Fratzen ziehen oder für Sie unschmeichelhafte Haltungen einnehmen und sie mit bewundernden Kommentaren begleiten wie »Wunderschön!«, »Intelligent!«, »Erfolgreich!«, »Glücklich!«.

Wenn man sich mitten in einem Teufelskreis befindet, gibt es keinen Ausweg und keine Lösung, denn ein Teufelskreis ist von Natur aus selbstbestimmend. Man steigert sich gern in einen Glauben hinein oder wird dazu erzogen oder gezwungen. Stellen Sie sich aber den Teufelskreis oder das Muster als Haut vor, wie ich es später im Kapitel »Die Freiheit des Esels und die Angst vor der Freiheit« (Seite 160 ff.) beschreibe. Hier geht es darum, die Haltung »aufzublasen« und sich vorzustellen, Sie würden nur darin leben und diese Haltung wäre die einzig mögliche Art, die Welt zu sehen. Innerlich sagen Sie: »Ich bin so und die Welt ist so. Ich habe recht und so ist es gut!« Sie können dann – wie später beschrieben – die Haut »ausziehen« und umwandeln. Dabei üben Sie die Fähigkeit des Narren, Rollen und Haltungen an- und ausziehen zu können, ohne sie als absolute Wirklichkeit anzusehen. Auf diese Weise kann man Stück für Stück die »Wirklichkeit« der Welt der Prägung relativieren und die Welt der Null verstärken. Lassen Sie die Blase schließlich »platzen«, aber werfen Sie die »investierte Energie« nicht fort, sondern führen Sie Ihr Leben neu und erfrischt weiter.

Du hast recht!

Jemand, der meint, ein Opfer zu sein, und dies als »Lebensspiel« einsetzt, um Mitleid oder eine andere für ihn günstige Reaktion zu bekommen, ist meistens überrascht, wenn man ihm recht gibt. Ein Opfer erwartet oft Gegenargumente, gegen die es ankämpfen kann.

Einem »Opfer« ein Freund zu sein und immer wieder solches Klagen anzuhören, kann das weiter oben beschriebene »Dramadreieck« auslösen. Bald ärgert man sich und »bestraft« das Opfer auf unterschiedliche Weise. Wenn man aber jedes Klagen des Opfers mit »Stimmt, du hast recht!« bestätigt und zur Tagesordnung zurückkehrt oder sogar in die Klagen einstimmt und die Situation noch schlimmer darstellt, als sie ist, kann dies eine ganz andere Reaktion provozieren – »kann«, »muss« aber nicht. Eine solche Reaktion »löst« die Situation zwar nicht, sie kann aber das »Spiel« wenigstens unterbrechen und der Anlass sein, ein anderes, direkteres Gespräch zu führen.

Wenn wir Mitleid erzeugen wollen, sind wir meistens nicht bereit, unserem Leiden ein Ende zu setzen. Wir wollen eine Bestätigung unserer Wichtigkeit beziehungsweise eine Bestätigung dafür, wie schwierig, leidvoll und ungerecht unser Leben ist. Das Wiederholen von Leiden ersetzt die Lösung. Das Leiden macht zwar keinen Spaß, dennoch kann es zu einem »Spiel«

werden, das sich deshalb lohnt, weil ich dadurch Zuhörer gewinne, die ich sonst nicht hätte, und ich auf eine bestimmte Weise »interessant« bin. Solche Spiele sind deshalb nicht ernst zu nehmen. Wenn man sie ernst nimmt und mitspielt, wird man zum Mitspieler – und ebenfalls zu einem Opfer.

Diese Art der Entgegnung gibt es in der »provokativen Therapie« von Frank Farrelly und in der »Logotherapie« von Viktor Frankl, die unter anderem die Methode des »humorvollen Aufblasens« nutzen, um den Realitätssinn, das Maß und die Distanz dadurch zu provozieren, dass die Ausmaße eines Problems oder Symptoms über die Maßen übertrieben werden, bis sie nicht mehr real sind. Das löst oft das Lachen aus oder provoziert ein sinnvolles Innehalten, eine Unterbrechung eines Symptoms im vollen »Galopp«. Die Voraussetzung für ein Gelingen ist allerdings nach wie vor, dass eine wohlwollende und gegenseitige Beziehung zu demjenigen besteht, den man auf diese Weise provoziert.

Die Übertreibung des Gegensatzes zwischen Tun und Sagen, zwischen Fühlen und Denken bringt uns oft zum Lachen und löst uns aus der Faszination der Opferrolle. Unsere subjektive Wahrheit wird sich immer von der Wahrheit anderer unterscheiden. Sich die Wahrheit des anderen anzuhören, ist aber ein Weg, ihn kennenzulernen. Dennoch packen wir gerne den anderen schnell in eine »Schublade«, wenn er uns das richtige Stichwort liefert, besonders wenn jemand etwas tut, was nicht zu unserem Verständnis passt, wie wir leben sollten.

Versuchen Sie es immer wieder, sich selbst »recht« zu geben. Das tun Sie wahrscheinlich ohnehin meistens unbewusst. Was würde aber passieren, wenn Sie Ihren »heiligen Zorn« noch übertrieben oder Ihre Niederlage in noch schwärzeren Farben ausmalten …?

Der Prozess des Humors ist in gewisser Weise eine Des-Illusionierung – eine Ent-Täuschung. Es ist nicht einfach, uns selbst einzuschätzen. Dazu gehört persönliche Reife. Wir neigen dazu, um uns herum Geschichten zu spinnen, die begründen, warum wir so sind, wie wir sind. In diesen Geschichten täuschen wir gerne über das hinweg, was wir an uns nicht gerne sehen, was nicht zu unserem Selbstbild passt. Wenn wir wirklich talentiert sind, bilden wir uns nichts ein. Wenn wir nur glauben, in einer Richtung talentiert zu sein, jeder Versuch in diese Richtung aber fehlschlägt, selbst mit der besten Unterstützung, müssten wir zugeben, in dieser Richtung kein Talent zu haben.

Wenn wir dennoch darauf beharren, ein verkanntes Genie zu sein oder ein unentdeckter Star, leben wir in dieser Hinsicht in einer Illusion und können jede Enttäuschung in diesem Bereich nur dadurch erklären, dass andere keinen Geschmack haben, das Wahre nicht erkennen oder sonst schuld an ihrer Fehleinschätzung sind. Wenn es zum Beispiel darum geht, dass jemand meint, witzig zu sein, und ständig im Kurs Witze erzählt, sich aber nicht auf der Bühne als Clown zeigt, weil er nicht möchte, dass die anderen über ihn lachen, ahne ich, dass dieser Mensch die Witze benutzt, um etwas Wesentliches von sich zu kaschieren, zum Beispiel sein Unglücklichsein. Sein authentischer Humor kann nur zum Vorschein kommen, wenn er bereit ist, sich dem zu stellen, was er wirklich fühlt und was er verbirgt.

Viele Menschen kommen zu mir, die einerseits meinen, über kein Talent zu verfügen, die aber andererseits ahnen, dass doch »etwas« in ihnen steckt. Wenn sie auf überraschende Weise ihre Komik entdecken, entdecken sie diese Komik oft an einer Stelle, die sie erstens nicht vermutet hätten und die ihnen zweitens eine Art Schleier vor den inneren und äußeren Augen entfernt. Es ist, als ob sie eine Haut oder eine Maske, mit der sie bis dahin immer gelebt haben, entfernten, und sie sehen und erleben sich und die Welt plötzlich auf andere Weise. Oft sind sie erst nicht sicher, ob sie »wirklich« so sind oder nicht.

Eine Kursteilnehmerin, die glaubte, über kein Talent zu verfügen, konnte auf der Bühne oft nichts Zusammenhängendes zeigen. Nachdem sie viele Requisiten beisammenhatte, um irgendeine Spielidee auf der Bühne zu verwirklichen, stand sie häufig einfach da, voll bepackt mit ihren Sachen, und schaute so verdutzt und hilflos, dass alle lachen mussten. Sie litt sonst in ihrem Leben unter sehr starken, manchmal lähmenden Schamgefühlen, unter Verwirrung und Ängsten. Je mehr sie auf der Bühne in diesem gelähmten, verwirrten Zustand sein durfte, desto mehr Vergnügen hatte sie daran. Sie entwickelte weitere Aspekte ihrer Persönlichkeit als »Dussel-Clownin«, die immer in Eile war, alles machen wollte, nichts zustande brachte und immer wieder einfach dastand und nicht weiterwusste. Sie war auf der Bühne herrlich! Sie schämte sich zunächst, sich so zu zeigen, aber je mehr Lust sie dabei empfand, umso mehr merkte sie, dass sie in Wirklichkeit gar nicht so war. Es ist ihr von klein auf eingeredet worden, dass sie nichts zustande brachte. Und obwohl sie in ihrem Leben eine ganze Menge verwirklicht hatte, sie hatte Familie und Beruf, litt sie unter der großen Frage, wer sie wirklich war, selbst wenn sie sich jeden Tag eigentlich vom Gegenteil hätte überzeugen können.

Beide »Sorten Mensch« – die, die sich überschätzen, und die, die sich unterschätzen – merken meistens nicht, an welchem Punkt sie komisch wirken, ob auf der Bühne oder sonst im Leben. Gerade diese Unkenntnis kann der Schlüssel zu ihrer Komik sein und zur Figur, die sich daraus entwickelt, die wiederum einen Schritt zum neuen Selbstverständnis darstellt. Die erste »Sorte« reagiert darauf oft erst pikiert oder verärgert, die zweite völlig überrascht und ungläubig.

Da unsere Sicht der Dinge zunächst durch unsere Prägung

bestimmt wird, sehen wir vieles über uns und wer wir sind, erst durch die Augen anderer. Insofern sind wir über uns und unsere eigentlichen Möglichkeiten »mystifiziert«. Das Ausmaß unserer Mystifizierung hat viel mit unserer Erziehung zu tun – das Ausmaß unserer Entmystifizierung hat dagegen viel damit zu tun, wieweit wir bereit sind, uns selbst genauer anzuschauen.

Wir wollen nicht gerne Unangenehmes erleben und schieben es lieber von uns weg. Da die Wirklichkeit oft Unangenehmes bereithält, neigen wir dazu, dies zu leugnen, es sei denn, wir haben es anders gelernt. Wir setzen unsere Ideen und Wünsche ungern dem Licht des Alltags aus, wenn wir der Meinung sind, sie werden sofort attackiert und kritisiert. Wir verschieben Entscheidungen bis zum letztmöglichen Termin oder bis sich erste Konsequenzen einstellen, weil wir uns zuvor einreden, viel Zeit zu haben. Wir warten bis zum letzten Augenblick, um aktiv zu werden, und manche von uns werden sogar erst dann richtig kreativ. Wenn wir lügen, versuchen wir uns vor unangenehmen Folgen zu schützen. Wir können uns aber vor den Konsequenzen der Lügen nicht schützen, außer mit noch mehr Lügen. Und wenn dies lange genug funktioniert, was nützt es dann noch, die Wahrheit zu sagen, nämlich dass man gelogen hat? Manchmal lügt man so lange, bis man glaubt, dass die Lüge stimmt und der Wirklichkeit entspricht.

Den Narren interessiert aber die Wahrheit, und er hält den Spiegel deshalb vor, weil es ihm wichtig ist, die Schleier der Täuschung zu lüften. Nicht zuletzt deshalb ist in vielen Geschichten über Narren die Rede davon, dass man sie nicht unbedingt mag und sie deshalb auch meistens Einzelgänger sind. Die Bühne des Narren ist aber die Gesellschaft.

Ich bin mir sicher, es ist heilsamer, die Wahrheit zu kennen, also die Wirklichkeit anzuerkennen, als uns einfach nach unseren Meinungen zu richten, unseren Filtern zu glauben, egal, ob die sich »realistisch« geben oder »rosarote Brillen« sind. Darum ist es auch wichtig, uns immer wieder zu ent-täuschen, damit wir echt sein können und ehrliche Beziehungen entwickeln. Dann steigt unser Vertrauen in die Welt um uns herum und wir können Teil davon sein.

Aber was ist die Wahrheit? Eine genaue Antwort auf diese Frage gibt es wohl nicht. Wenn wir die bestehende Realität als Ausgangspunkt nehmen, stellen sich Fragen wie: Was geschieht hier? Wie ist das abgelaufen? Tut er das, was er sagt? Tue ich das, was ich sage? Welche Auswirkungen hat mein Verhalten? Wie reagiert der andere? Wem nützt es? Und die Lieblingsfrage von Kindern: Warum? Manchmal ist es wichtiger zuzugeben, dass man etwas nicht weiß, als sich alle mögliche Erklärungen zurechtzulegen.

Meine Arbeit besteht zum Teil darin, die bestehende Wirklichkeit der jetzigen Körperhaltung, des bestehenden körperlichen und stimmlichen Ausdrucks, den gegenwärtigen Umgang mit Gefühlen und Gedanken und das bestehende Gleichgewicht zwischen Körper, Fühlen und Verstand genau anzuschauen. Sie besteht aber auch darin, durch Spiel und Komik die noch schlummernden Möglichkeiten des Ausdrucks durch das Spiel des Clowns und die Haltung des Narren zu wecken. Zu dieser Arbeit gehört auch die Überhöhung und Verstärkung des bestehenden Ausdrucks. Wenn aber Kursteilnehmer die bestehenden Grenzen erreichen und die Lust daran entdecken, sie zu überschreiten, eröffnen sich ihnen zusätzliche Möglichkeiten, mit denen sie bis dahin nicht gerechnet haben. Wenn sie anfangen, mit diesen Möglichkeiten spielerisch umzugehen, stellen sie fest, dass ihre bisherigen Grenzen vielleicht gar nicht die absoluten Grenzen sind. Da wir uns immer wieder an die bestehende Wirklichkeit anpassen und unsere Sicht der Dinge die Art bestimmt, wie wir die Wirklichkeit wahrnehmen, können unsere Gewohnheiten dazu führen, dass wir den bequemen Weg gehen. Wir schauen gar nicht richtig hin, hören gar nicht zu und verschließen zusätzlich die Augen. Wir sind an eine bestimmte Sicht der Dinge gewöhnt, arbeiten und leben in gewohnten Bahnen.

Diese Wirklichkeit muss aber nicht so bleiben.

Um Seminarteilnehmern Wege aufzuzeigen, wie Wirklichkeit zwar »besteht«, jedoch gleichzeitig auch veränderbar ist, mache ich gerne Übungen mit ihnen, die auch das »Lügen« mit einbeziehen. Sie beinhalten auch den Aspekt, dass wir gerne unterschlagen, was uns unangenehm ist, was wir aber trotzdem denken und fühlen. Ein Teilnehmer sagt zum Beispiel dem anderen: »Ich habe den Eindruck, dass du müde bist.« Egal, ob müde oder nicht, die Antwort ist immer eine Leugnung: »Nein, das stimmt nicht. Ich bin ganz wach.« Je öfter die Teilnehmer diese Übung machen, umso mehr fallen ihnen Eigenschaften ein, die den anderen ihrer Einschätzung nach richtig charakterisieren. Bewertungen, die sie für wahr oder wirklich halten. Oder sie sagen das genaue Gegenteil von dem, was sie mit diesem Menschen verbinden. Oder sie sagen das Gegenteil und der andere muss wiederum das Gegenteil behaupten. Und es könnte ja sein, das beides stimmt: wie derjenige sich nach außen zeigt und was sonst in ihm steckt. Auf jeden Fall erzeugt diese Übung viel Heiterkeit.

Wenn wir unser Leben und unser Tun in einem bestimmten Rahmen sehen, dann entspricht das zunächst unserer Wirklichkeit. Es könnte aber eine Täuschung sein, wenn wir meinen, es sei die einzige für uns mögliche Wirklichkeit. Wir können uns neu bewerten und neue Möglichkeiten sehen. Manchmal geschieht das auf schmerzhafte Weise, nämlich bei einer »Enttäuschung«. Wenn wir lange an eine bestimmte Sicht der Dinge geglaubt haben, kann »eine Welt zusammenbrechen«, wenn wir erfahren oder herausfinden, dass die Wirklichkeit anders ist. Wenn wir über die Familie, über unseren Partner, über die Firma, über die Politik etwas erfahren, was jahrelang verschwiegen oder geleugnet wurde, kann das sehr desorientierend sein und Wut und Trauer auslösen. Jede Enttäuschung können wir aber als neuen Anfang sehen, als eine Ent-Täuschung (wenn sicherlich auch nicht gleich und sofort).

Wir können uns fragen: Was war der Sinn einer Täuschung oder eines Leidens? Wir können unsere Grenzen und unsere Enttäuschungen als Herausforderungen ansehen und unser Scheitern auch als Hinweis verstehen, bestimmte Grenzen in Zukunft einzuhalten und mehr für uns zu sorgen. Das Leben hat viele Lehren und dafür gibt es keine objektiven Maßstäbe, nur die richtigen Fragen.

So ist es manchmal hilfreicher, Fragen zu stellen, statt Antworten zu geben, die alte Ordnung infrage zu stellen, statt sie weiterzutreiben, das Scheitern als Chance zu verstehen, die verschiedene Lehren bereithält, und Probleme des Alltags als Clownstück anzusehen, als Genuss am Vergeblichen. Manchmal steckt die Lösung darin, die Wichtigkeit des Ganzen in einem anderen Licht zu sehen. So kann sich das, was ich zunächst sehr ernst nehme, beim näheren Hinschauen als sehr zum Lachen herausstellen. Eine Täuschungsgeschichte, die am Ende eine Unsicherheit zudeckt, oder eine Wertung, die dem eigenen Interesse dient.

Die Kunst, nicht zu reagieren

Unsere Sicht der Welt und der Wirklichkeit üben wir jeden Tag in unseren Beziehungen. Da wir »Reaktionsmenschen« sind, können wir es meistens nicht verhindern, auf andere zu reagieren. Begegnungen mit anderen Menschen werden dadurch, wie wir auf den anderen reagieren, mitbestimmt. Und jede Reaktion enthält eine Bewertung unseres Fühlens, Denkens oder unseres Körpers. Wenn diese Bewertungen in einer Beziehung, persönlich oder beruflich, zum Alltag werden, heißt das, diese Bewertungen werden ständig wiederholt und eingeübt. Die Beziehung wird »zementiert«. Manche Wiederholungen schätzen wir, wenn sie zu immer mehr Zuneigung führen. Manche Wiederholungen verstärken den Unwillen, die Abneigung und die Reaktionen. Sie stärken das »Dramadreieck«, die eigenen inneren Teufelskreise, die Störungen und Hindernisse, die wir gerne ändern würden, aber »nicht können«. »Ich bin so, weil du so bist« ist ein Satz, der für eine meiner Clownübungen zentral ist. Dieser Satz ist der Kern der Reaktionskette, die ich in der Übung mit den beiden Partnern A und B an früherer Stelle beschrieb.

Sich daraus zu befreien heißt, sich von der emotionalen Reaktion auf das Verhalten des anderen zu lösen. Dazu muss man sie überhaupt als Reaktion erkennen. Sie zu erkennen bedeutet wiederum, einen anderen Ort in sich zu kennen als nur die emotionale Reaktion. Dieser Ort ist die Null. Von dieser Warte aus kann ich interessiert und wohlwollend beobachten, innehalten, ohne gleich reagieren »zu müssen«. Wenn ich nicht gleich reagiere, stellt sich die Frage, ob ich überhaupt reagieren will. Das schafft Freiraum. Vielleicht braucht es gar keine Reaktion. Eine »Null-Reaktion« lässt den Auslöser eines Teufelkreises stehen. Er wird bemerkt sowie die Reaktion darauf. Sie müssen die eigene Reaktion aber nicht unbedingt zeigen, sondern lediglich spüren. Wenn man sich von den Reaktionen anderer befreit, hat man schon sehr viel für die eigene Gelassenheit getan. Man kann dann in Ruhe handeln, oder auch nicht, je nachdem, wie es für die Situation stimmig erscheint.

Insofern müssen Sie sich nicht ändern, sondern brauchen nur nicht auf Knopfdruck zu reagieren. Wenn man nicht auf die anderen reagiert, muss man es auch nicht unbedingt auf die verschiedenen Gedanken und Meinungen, die wir verinnerlicht haben oder die wir für richtig halten. Wir können einfach wahrnehmen, und dies wiederum führt uns eher dazu, mehr zu spüren, mehr Distanz zu bekommen und sogar mehr die Menschen und sich selbst wertzuschätzen, statt sofort ein Urteil zu fällen (zu reagieren). Dafür kann die rote Nase eine gute Hilfe sein. Wie schon erwähnt, ist es nicht nötig, sie aufzuziehen. Es reicht, sie einfach dabeizuhaben, zum Beispiel in der Tasche oder am Schreibtisch liegend. Sich vorzustellen, dass das Gegenüber eine rote Nase aufhat oder dass ich selbst eine anhabe, kann aus einer ernsten Situation eine komische machen. Das erzeugte Lachen oder Lächeln hilft wiederum, sich von den Emotionen und Urteilen der Situation, von denen des anderen wie von den eigenen, zu lösen.

Menschen zum Lachen bringen

Im Augenblick der Begegnung lebt die Null. In diesem Augenblick ist alles möglich. Die Null ist die Basis unserer Kreativität und Spontaneität, ein Augenblick, in dem Einfälle jenseits von Überlegungen sowie spontane, überraschende Verknüpfungen entstehen. Je mehr unsere Erfahrungen geprägt haben, desto weniger können wir uns auf das Neue freuen und verlassen uns lieber auf den bekannten Rahmen.

Die Magie des Lebens geschieht im Augenblick – das erleben wir an unseren Kindern, das hat jeder als Kind schon erlebt. Erwachsen werden heißt nicht, diese Fähigkeit über Bord zu werfen, sondern Verantwortung für sein Handeln zu übernehmen. Dadurch gewinnen wir Würde und bestärken uns in unserer Lebenslust. Sich auf den Einfall des Augenblicks zu verlassen, mag als waghalsiges Unterfangen erscheinen. Wir würdigen jemand, der bereit ist, etwas zu wagen, selbst wenn er »ausrutscht«. Und wenn er wieder aufsteht, lachen wir gemeinsam mit ihm. Wenn wir andere zum Lachen bringen können, bekommen wir eine nähere Beziehung zu ihnen und auch zu uns. Das Lachen ermutigen heißt, Gemeinschaft zu ermutigen. In einer Gemeinschaft zu leben und zu lachen, ist ein lohnenswertes Ziel.

Menschen zum Lachen zu bringen ist deshalb so »einfach«, weil es im Augenblick des Geschehens dazu »nicht viel braucht«. Es ist deshalb aber auch so schwer, weil es ein Ausdruck des freien Willens ist und sich niemand zum Lachen zwingen lässt. Es gibt auch nichts, was an sich »komisch« ist. Das hängt vom Kontext und den jeweiligen Menschen ab: wie sie sich verhalten, wo ihre Grenzen liegen und was sie von sich und anderen glauben. Deshalb muss man die Menschen sehr gut kennen, ihre Sprache sprechen und auch wissen, wo der Spaß bei ihnen aufhört.

Der Narr ist mehr an der Wahrheit interessiert als am Lachen. Der Clown dagegen ist ein Spaßmacher und lebt vom Augenblick, vom Spiel und vom Lachen. Wenn Sie Kinderaugen leuchten sehen wollen, aber auch wenn Sie Spannungen lösen und eine neue Atmosphäre in der Familie oder am Arbeitsplatz schaffen wollen, zeigen Sie Ihre Clownseite.

Machen Sie Ihre Fehler groß und Ihren Schrecken darüber noch größer – dann wird der Fehler nicht ganz so schlimm sein. Finden Sie überraschende, tänzerische oder komplizierte Wege zu laufen. Manche kennen das »Ministerium für dämliche Gangarten« aus der britischen Komödienserie »Monty Python«. Spielen Sie mit den Gegenständen, mit der Stimme, mit den Worten, entdecken Sie neue »Sprachen«, übertreiben Sie Ihre Reaktionen ... Alles kann eine Quelle des Humors sein, Spaß machen und Menschen zum Lachen bringen. Drehen Sie die Dinge um, stellen Sie sie auf den Kopf: »total begeistert – vollkommen gelangweilt«. Drehen Sie Rollen um, persiflieren Sie sich selbst am meisten, blasen Sie pantomimisch Situationen auf, je ernsthafter, umso besser. Entdecken Sie, wo es Widersprüche oder »Fehler« im Alltag gibt, und übertreiben Sie sie. Nehmen Sie einen kleinen »Fehler« und blasen Sie ihn auf oder machen Sie einen großen Fehler zu einem winzigen Nichts. Sie können als Hilfsmittel natürlich auch Luftballons, Seifenblasen und anderes hinzunehmen. Wichtig ist, dass Sie sich dafür zunächst einen Spielraum schaffen, zum Beispiel die Pause. Gerade da hat ja die Tradition des Zirkusclowns angefangen – in der Pause. Er hatte die Aufgabe, die Spannung der ernsthaften Artistik und der vorgezeigten Tricks zu lösen. Dann können Sie sehen, wie weit die Spiellust Eingang in den »ernsthaften« Teil findet bis zum Närrischen hin. Und bleiben Sie am besten ernst dabei.

Wenn es einem gelingt, Menschen zum Lachen zu bringen, lockern sich die Rollen und die festen Meinungen. Man hat eine andere, menschlichere Ebene miteinander, als wenn allein die Vernunft regiert. Das Spiel sollte aber locker bleiben und nicht selbst zum Zwang werden. Die rote Nase kann eine Rolle dabei spielen. Sie können auch damit anfangen, immer buntere Kleidung zu tragen oder in unterschiedlicher Weise Spiellust und Freude durch Farbiges oder Überraschendes an Ihren Arbeitsplatz, an Ihren Schreibtisch oder wo auch immer hineinzubringen. Sie müssen keinen »Auftritt« veranstalten, es reicht völlig, selbst immer wieder einen lebendigen »Farbklecks« zu setzen.

Die Freiheit des Esels und die Angst vor der Freiheit

Hier geht es nicht um den Esel als Tier (so wenig, wie es weiter oben beim »Schweinestall« um das Schwein ging), sondern darum, wofür er steht.

Im Grunde geht es in diesem Buch um – eigentlich – Selbstverständliches: um das Lachen, um den Humor, um den freien Raum, darum, lebendig zu sein. Mancher mag einwenden: Wenn das so einfach wäre! Manch Teilnehmer staunt, wie schwer es ihm fällt, das Geschehen in meinen Seminaren zu beschreiben. Außenstehende fragen oft nach dem Nutzen oder wollen etwas vorgespielt bekommen. Das hört sich für manchen Teilnehmer sehr platt an, wenn er eben seine Lebendigkeit oder seine Lebensfreude (wieder) gefunden hat. Aber: Wenn man in einem Rollenkorsett lebt und beginnt, das Korsett abzulegen, werden die anderen Korsettträger reagieren. Wenn sich einer ändert, zeigt das auch anderen, wie sie selbst leben – was ihnen vielleicht gar nicht so gut gefällt!

Wenn wir die Möglichkeit suchen, aus einem Teufelskreis auszubrechen, werden wir meistens dem »Esel« begegnen. Dieser Esel steht für das, was sich in uns weigert, sich zu ändern, selbst wenn er eingesehen hat, wie gut ihm das täte, sogar wenn er es tatsächlich schon erlebt hat. Und doch will er immer wieder wissen, ob es wirklich so stimmt. Deshalb macht er immer wieder dasselbe. Außerdem will er von niemandem zu etwas gezwungen werden, selbst wenn ihn niemand zwingt. Er ist ein »freier Esel«. Er macht, was er will, und lässt sich von niemand hineinreden. Oft sieht er sich auch als Narr oder als Clown, doch betrachtet er sich auch als Opfer, das sich nur im Gewande eines Narren oder Clowns zur Wehr setzen muss. Er braucht für seine Späße immer einen Gegner – ein wirklicher Clown oder Narr braucht hingegen niemand außer sich selbst und den Wunsch, andere mit seinem Spiel zu erfreuen.

Ein Kursteilnehmer, der seine Frau »nicht verletzen wollte«, versäumte es, ihr zu sagen, dass er gerne seine Ausbildung bei mir fortsetzen wollte. Er quälte sich mit der Entscheidung und machte sich deswegen Vorwürfe: Er sei kein Mann, wenn er ihr seine Entscheidung nicht einfach mitteilen würde. Er drehte sich regelrecht im (Teufels-)Kreis, weil er Angst hatte, seine Frau zu informieren, und schloss die Möglichkeit aus, ihr ganz einfach seinen Wunsch mitzuteilen, um dann zu sehen, ob ihr das Probleme bereiten würde. Auch in anderen Zusammenhängen beharrte er darauf, stark sein zu müssen, »ein Mann zu sein«, und erlebte sich immer wieder als schwach und unschlüssig. Dabei weigerte er sich hartnäckig, das zu tun, was die Möglichkeit einer Lösung anbot: zu handeln. Erst, als er es wagte, seinen Wunsch seiner Frau mitzuteilen, überraschte ihn seine Frau mit ihrer Zustimmung. Aber zunächst und über Jahre neigte er dazu, in so vielen Lebenssituationen den Esel zu kultivieren: »Ich will es, aber dann doch wieder nicht!«

In meinen Seminaren treffe ich immer wieder auf den Esel, hauptsächlich in der Form, sich zu weigern, das zu tun, was einem helfen oder Freude bereiten würde. Es gibt aber viele weitere Formen davon. Manche meinen zum Beispiel, unbedingt alles tun zu müssen, um sich zu helfen und das »Lachen zu lernen«. Sie tun tatsächlich alles dafür, weder Freude noch Hilfe zuzulassen.

Ich habe einmal eine Frau kennengelernt, die alles dafür tun wollte, um ihre schmerzhafte Krankheit, ein sogenanntes Weichteilrheuma, zu lindern. Sie hatte viele künstlerische Fähigkeiten und war sehr aktiv, anderen mit ihrer Krankheit zu helfen – ich hatte gar den Eindruck: verdächtig aktiv. Sie wollte auch das Lachen lernen und kam in meine Kurse. Sie machte alles mit, bis sie zu erschöpft war, weiterzumachen, und eine schmerzverzerrte Miene bekam. Sie entschuldigte sich, dass sie sich hinsetzen musste. Für mich war das nie ein Problem. Sie war nach dem Kurs sehr dankbar, und dennoch hatte ich den Eindruck, sie hatte sich in keinster Weise und zu keinem Zeitpunkt auf das Spiel eingelassen und sich wirklich gefreut. Sie hatte sich stattdessen viel Mühe gegeben. Bald würde ich auch zu der Liste derer gehören, die sie ausprobiert hatte, die ihr aber nichts genützt hatten.

Sie kam etwas später sogar ein zweites Mal zu einem längeren Kurs, und als sie wieder mit demselben Verhalten anfing, bot ich ihr an, sich auszuruhen, solange sie wollte. Sie stand aber sofort auf und machte weiter. Aber als ich merkte, dass sie sich damit nichts Gutes tat, sagte ich ihr: »Setzen Sie sich hin oder legen Sie sich hin. Wir holen noch Decken und machen es Ihnen bequem.« Sie setzte sich hin und nahm die Decken, grämte sich aber sehr. In der Pause kam sie dann zu mir und beschwerte sich, ich hätte ihr verboten, an dem Kurs teilzunehmen. Während sie mit mir sprach, meinte ich in ihrer Stimme ein Hilfe suchendes, verletztes Mädchen zu hören. Ich sagte ihr, ich hätte den Eindruck, sie würde sich zu sehr bemühen, gerade weil sie im Grunde nach Hilfe riefe, wie ein verletztes Mädchen, das Hilfe braucht und jede Hilfe ablehnt, um nicht zugeben zu müssen, dass etwas Schlimmes geschehen war. Sie war empört und fühlte sich von mir nicht gesehen – sie wollte lachen, nicht weinen, und verließ sofort den Kurs.

Ich glaube, der Wahrheit sehr nahe gewesen zu sein – diese Frau ließ mich vielleicht gerade deshalb nicht an sich heran. Der Esel in ihr hat immer recht. Er hat recht, wenn wir die Dinge bis auf den letzten Augenblick verschieben oder Termine versäumen. Er hat recht, wenn wir darauf bestehen, »anders« zu sein, wenn wir uns dafür entscheiden, uns lieber selbst weh zu tun, als zuzugeben, dass wir Hilfe brauchen, wenn wir zu stolz sind, Hilfe anzunehmen, wenn wir nicht lachen, weil das eine »Niederlage« wäre und unsere Situation nicht mehr so dramatisch wäre, wenn wir zu wissen glauben, was wir brauchen, wenn wir die Realität vor uns leugnen und nur noch an die eigene glauben wollen. Und er hat recht, wenn ich mich selbst sabotiere, wenn ich meine, mich trifft das alles nicht. Selbst eine Depression beinhaltet ein ganzes Stück Esel.

Eine für mich in dieser Hinsicht wichtige Erfahrung habe ich in meiner Arbeit in der Psychiatrie gemacht. Ich hatte dort die Idee, die Patienten dazu anzuregen, sich gegenseitig beim Spielen einer menschlichen Charaktereigenschaft oder eines Gefühls zu unterstützen. Wenn alle das Gleiche machten, dann könnten sie es vielleicht wagen, mehr von sich zu zeigen und mehr miteinander zu erleben, und dabei auch Spaß haben. Ich bot ein Café-Spiel an, bei dem es fünf Spieler gab. Das Café bekam einen Namen. Gäste und Bedienung sollten sich so verhalten, dass sie dem Namen des Cafés alle Ehre machten. Sie würden gerade deswegen in dieses Café gehen. Nach einigen Versuchen habe ich »Café Depression« angeregt. Die Gäste sollten depressiv sein, die Bedienung ebenfalls und alle würden dorthin gehen, um es zu genießen, depressiv zu sein. Die Patienten wollten es zunächst nicht wagen. Sie sagten: »Wenn wir das spielen, werden wir noch depressiver.«

So fragte ich sie: »Welches Café spielen wir stattdessen?« Sie antworteten: »Café lustig«. Also spielten sie »Café lustig«. Mit meiner Regie regte ich an, immer lustiger zu werden. Sie taten ihr Bestes, aber es wurde eine traurige und künstliche Freude. Ich konnte das auch nachvollziehen. Denn wenn wir lustig sein sollen, wehren sich die meisten Menschen dagegen. Ich versuchte es daher noch einmal, sie zum »Café Depression« zu motivieren. Ich sagte, sie seien gerade darin »Experten«. Fünf Spieler meldeten sich und die anderen schauten zu. Es dauerte nicht lange und sowohl Spieler als auch Publikum mussten schmunzeln, manchmal gab es ein lautes Lachen, und am Schluss gab es Applaus.

Die Patienten sind nicht depressiver geworden, im Gegenteil: Sie waren über das Lachen überrascht. Einer der Spieler sagte mir: Es fühle sich merkwürdig an, als ob er einen Mantel ausgezogen hätte und sich umschaute, wo er denn sei. Er fühle sich etwas nackt!

Echte Gefühle können wir nicht »ausziehen« – wir können sie nur durchleben. Aber Gefühls-, Denk- und Verhaltensmuster können wir sehr wohl »ausziehen«, weil sie zu unserem Repertoire gehören, uns oder andere zu kontrollieren und unsere wahren Gefühle nicht zuzulassen. Deshalb lasse ich solche Muster immer wieder als Clown »verstärken« und »aufblasen«.

Irgendwann haben sie ihre Grenze erreicht und wir merken, dass wir mitten in einer Blase gelebt haben, in der wir die Welt ernst genommen und sie wie durch einen Filter erlebt haben. Zunächst ist es wichtig, diese Prägung überhaupt zu bemerken und als störend zu empfinden. Denn wenn ich mich wohl darin fühle, gibt es keinen Grund, es zu verändern. Wenn Sie sich vorstellen, dass wir in jedes gelernte Muster Lebensenergie hineingesteckt haben, dann könnte diese Energie uns wieder zur Verfügung stehen, wenn es uns gelingt, dieses Muster in Energie und Lust umzuwandeln. Wenn wir hingegen versuchen, das Muster zu vertreiben, wird genau diese Lebensenergie das Einzige sein, was wir wegbekommen.

Dem entspricht eine meiner Übungen: in einem Verhaltensmuster zu verharren und es so »aufzublasen«, dass Körper, Gefühl, Stimme und Wort übereinstimmen. Wenn dies auf der Bühne geschieht und der »Spieler« sich auf das Muster so ernsthaft einlässt, als ob die Welt nur »so« wäre, lachen die meisten Zuschauer. Nur wenn er Lust an diesem Muster hat, löst der Auftritt Lachen aus. Sie können ebenfalls eine bestimmte Haltung aufblasen und sich wohl darin fühlen, als ob Sie damit hundertprozentig recht hätten. Dann können Sie sich vorstellen, dass diese Haltung nur eine sehr enge Haut ist, die man wieder abstreifen kann. Wenn Sie wollen, können Sie es ausprobieren, diese Haut sehr bewusst von der Kopfspitze bis zum Fuß auszuziehen und dann die »Haut« zu einem »Konzentrat« zusammenzudrücken und dieses Konzentrat so zu verreiben, dass die Hände warm werden. Sie stellen sich dabei vor, es bliebe nichts Festes mehr übrig. Die jetzt »freie Energie« können Sie wieder von oben bis unten einwirken lassen.

Jedes Programm kann zum Esel werden, wenn ich fälschlicherweise in ihm die Freiheit sehe. So ist es oft mit Menschen, die ständig im Kampf mit anderen, besonders mit Autoritäten liegen und jede Autorität als Gegner sehen. Da ihnen der Kampf

Kraft verleiht, sehen sie sich nicht als Esel. Ein wichtiger Hinweis darauf ist das Gefühl der Verzweiflung, mit der sie kämpfen, das Gefühl der Vergeblichkeit, weil sie nie gewinnen, und die Zahl der Gegner, die sich ständig vermehrt. Verhängnisvoll ist es, wenn sie meinen, das sei der einzige Weg, gegen Beschämung und Lächerlichkeit vorzugehen – sie würden sonst ihren Stolz verlieren. Sie sind am Ende aggressiv und humorlos, selbst wenn sie lachen. So lange sie den Esel als einzigen Verbündeten sehen, bleibt ihre Verzweiflung und das Gefühl, doch klein, hilflos und ohne Unterstützung im einsamen Kampf zu sein. Schmerz kann für sie dann zum einzigen Freund werden. Dieser Schmerz kann Antrieb für den Esel sein, ebenso das Verharren darin als Form der Rache gegen die Verursacher dieses Schmerzes. Nur ist das eine Rache, die man gegen sich selbst richtet.

Ich sehe den Esel als einen letzten Versuch, frei zu sein, ohne die Wahrheit anerkennen zu müssen. So lebt der Esel in einem inneren Gefängnis der Selbsttäuschung. Wenn ich die Eselsübung im Seminar machen lasse, zeigt sich immer wieder, wie viel Lust und Energie im Esel stecken. Bei dieser Übung spielt einer den Esel und der andere »das Leben«. Beide halten sich an der Hand und »das Leben« sagt »Komm!« als Einladung, zu was auch immer. Entweder weigert sich der Esel in klassischer Manier, oder er kann sich alle möglichen Strategien einfallen lassen, um die Angebote zu torpedieren oder nicht an sich herankommen zu lassen, indem er zum Beispiel gelangweilt tut – »Kenn ich schon!« – oder vielleicht sogar dem Angebot vorauseilt. Manche Teilnehmer sind sehr erstaunt, wie sehr sie es genießen, in dieser Übung der Esel zu sein.

Fast glaube ich, dass uns manchmal von der »Freiheit« immer eine Art unsichtbare Haut trennt, wenn wir vor der Entscheidung stehen, etwas zu tun oder zu sagen, was auch schiefgehen könnte. Wenn das, wofür wir »springen«, uns tief genug berührt und begeistert, werden wir mit der Angst springen, und meistens geht es gut. Denn wir erleben, dass das, was auch immer wir erleben, uns und unser Leben weiterbringt. Der Esel trennt uns von der Freiheit, denn er gibt uns keinen wirklichen Freiraum. Im Gegenteil. Wir können uns so auf den Esel konzentrieren und fixieren, dass unsere Angst zu groß werden kann und wir auf keinen Fall springen. Wir können uns auch in den Esel verlieben, weil er uns eine Illusion von Sicherheit und Geborgenheit vermittelt.

Wir können gegen den Esel nicht gewinnen. Was der Esel allerdings auf keinen Fall mag, sind noch größere Esel! Blasen Sie also Ihren Esel auf, geben Sie ihm recht, bieten Sie ihm Futter an und genießen Sie es, der größte aller Esel zu sein, dann lässt er Sie vielleicht gewähren. Eine andere Möglichkeit besteht darin, Ihren Esel zu lieben, ihn dafür wertzuschätzen, dass er Sie so hartnäckig vor der schlimmen Erfahrung schützt, sich mit der eigenen Realität zu konfrontieren, zum Beispiel sich hilflos oder wertlos zu fühlen, wenn das Ihre innere Realität ist. Vielleicht lässt er Sie dann fühlen, wie schlimm die Lage tatsächlich ist, und Sie sehen ein, was Sie in Wirklichkeit brauchen und wozu Sie den Esel gebraucht haben.

Sehr viele Menschen glauben: Wenn ich »Negatives« wiederhole, werde ich immer »negativer«, und da ich »positiv« sein will, darf ich nicht »negativ« sein. Die eigene Not zu sehen, ist nicht negativ. Es ist nicht negativ, wenn etwas wehtut. Es tut weh, jemanden zu verlieren. Wir haben vor vielem Angst, nicht zuletzt vor Krankheit und Tod oder Unglück. Die konkrete Erfahrung ist aber oft nicht so schlimm wie die Angst davor. Wenn wir uns eingestehen, wie schlimm etwas ist, können wir vielleicht dann erst die Hilfe holen, die wir brauchen. Um zum Beispiel mit meinem Esel klarzukommen, musste ich erst so weit sein, dass ich nicht mehr als Esel leben konnte und auch nicht mehr wollte. Ich nahm Hilfe an und fand heraus, dass ich und das Leben gar nicht so übel sind.

Der Narrensprung

Humor im Alltag – eine Umgewöhnung

Was Sie mit anderen wiederholen, wird auch zu dem, was Sie jeden Tag erleben. Ihre Ziele und Absichten, ob bewusst oder unbewusst, schaffen die Atmosphäre und den Rahmen dessen, was Sie erleben.

Die Null kann nur dann mehr Platz in Ihrem Leben einnehmen, wenn Sie Wege finden, sie zum Ausdruck zu bringen und dies immer wieder zu tun. Sie können das auch zunächst nur »heimlich« tun, wenn Sie Angst davor haben, was andere wohl dazu sagen würden. Was auch immer Ihnen am geeignetsten erscheint, vor allem, was Sie erheitert, nützen Sie das! Sie können Ihren eigenen Witz oder eine rote Nase mit sich herumtragen – das muss ja keiner wissen. Ich kenne viele aus meinen Kursen, die zunächst Buntes unter der Oberbekleidung getragen haben, bevor sie es gewagt haben, nach außen bunter, männlicher oder weiblicher zu erscheinen. Und oft genug stellt sich heraus, dass die Übertretung der eigenen Grenzen niemanden stört.

Wenn Sie aber in einem engen System von Erwartungen leben, dann braucht es wirklich nicht viel, um das ganze System in Aufruhr zu bringen. Wer die Sucht kennt – in welcher Form auch immer –, weiß, dass es große Aufregung in der Familie erzeugen kann, wenn einer aus der Sucht aussteigt. Erst dann merken alle anderen, wie sie dieses Verhalten gebraucht haben, um ihre eigenen Rollen und Lebensspiele aufrechtzuerhalten.

Sie haben die Wahl, was Sie wiederholen. Sie haben die Wahl, wie Sie wirken. Sie haben die Wahl, wie Sie sich sehen. Wer von schweren und schwierigen Erfahrungen und Programmen geprägt worden ist, dem mag es schwerer fallen, eine Wahl zu treffen. Sich professionelle Hilfe zu holen, könnte der allergrößte Narrensprung sein, die eigene Lebendigkeit wiederzugewinnen.

»Der Mensch ist erst ein Mensch, wenn er spielt«, sagte Schiller einst. Umgekehrt könnte man formulieren: Ein Mensch, der nicht mehr spielt, ist kein Mensch mehr. Der Mensch braucht also Spielraum, in dem er sich erlaubt, er selbst zu sein. Das erhält ihn und seinen Humor am Leben. Wie werden Sie wohl Ihren Spielraum schaffen?

Das Feuer des Herzens – Vision, Sinn, Begeisterung

Wir leben für eine Intention, für eine Absicht. Wer dies nicht hat und sich einfach »auslebt«, wird am Ende den Sinn verlieren und damit seine Verbundenheit mit dem Leben. Wenn wir uns für das nicht begeistern, was wir tun, mit wem wir zusammen sind und dafür, dass wir leben, wenn das Feuer also erloschen ist, werden wir eine Spirale nach unten erleben.

Mein persönlicher Lebenssinn ist Ausdruck dessen, was ich mir von Herzen gewünscht habe und was mir Lebensfreude und Erfüllung gibt. Dafür habe ich einen konkreten Weg gesucht. Dieser Weg war nirgendwo aufgezeigt und die ausgewiesenen Wege entsprachen nicht meinem Herzenswunsch. Nach und nach entwickelte sich aus meinen Wünschen eine Vision, wie dies möglich sei, ein Bild, wie ein solches Leben für mich aussehen könnte. Diesem Bild habe ich mich nach und nach angenähert. Die Annäherung an meine Vision brachte mich dazu, mich genauer anzuschauen, ob ich überhaupt meine Herzenswünsche erreichen könnte. Dabei musste ich bei mir auch »Mängel« feststellen, persönlicher Art und in meinen ausgewiesenen Fähigkeiten. Das führte wieder zu einigen Narrensprüngen, die mich meinen Zielen immer näher gebracht haben.

Ich saß einmal auf einer Feuerinsel in einem Vulkan einen Tag und eine Nacht in einem Kreis von Steinen. Ich fühlte das Feuer in der Erde unter mir, sah zum Himmel hoch zu den Sternen, spürte den Wind an meinem Körper und hörte das Meer rauschen und beschloss, diese Elemente sollten mein Wegweiser sein – der Clown und der Narr in mir.

Für den Narren gibt es keine Garantie. Wer außer der Null ist aber der Narr in uns, der auf die Weisheit seines Herzens hört und springt? Er ist nicht unbedingt Mitglied im Narrenverein, obwohl diese Tradition an die Null und an die jährliche Erneuerung der Lebensvision erinnern soll. Das Überflüssige soll weg und das Neue kann ungetrübt von Neuem anfangen. Der Narr ist ein Anfänger, der immer wieder anfängt, sich immer wieder erneuert. Deshalb fragt er immer wieder sein Herz: Wofür lebe ich, wofür setze ich mich ein, was macht Sinn? Er sucht immer wieder nach der eigenen Begeisterung, danach, wozu er Ja und wozu er Nein sagt, lässt den sicheren Weg und den Weg der Abhängigkeiten hinter sich, sucht immer nach der Lebendigkeit, nach der Beziehung und nach dem, was wahr ist.

Die Begeisterung, die uns lebendig macht und anderen von Nutzen ist, ist für mich der Weg des Narren. Es geht darum, das Feuer immer wieder anzufachen.

Der Narrensprung ist kein waghalsiges Unternehmen ohne Sinn und Verstand. Ein richtiger Narrensprung kommt von Herzen, er ist ein Akt der Selbstliebe und Selbstwertschätzung.

Er braucht Aufmerksamkeit, Wahrhaftigkeit und auch Mut. Dennoch muss er kein Riesensprung sein. Ein kleiner Sprung, wie neue Unterwäsche zu kaufen oder eine rote Nase bei Dunkelheit zu tragen oder einmal jemand anzulächeln, ohne vorher offiziell vorgestellt worden zu sein, oder das Zusammenspiel zwischen Körper, Gefühl und Verstand wahrzunehmen, könnte ein Riesensprung sein, wenn er mich herausfordert, mehr ich selbst zu sein, authentisch zu handeln und die eigenen Herzenswünsche zu erfüllen.

Der Narrensprung ist immer wieder der Sprung in die Null, in die eigenen Fähigkeiten und den eigenen freien Raum. Ein Sprung aus dem Drama des Lebens in den Genuss des Lebendigen. Ein Sprung aus der Haltung, sich im Leben als Opfer zu sehen und in Selbstmitleid zu verfallen. Der Narrensprung ist ein Sprung in die Beziehung und in den Halt der Bewegung des Lebens. Ein mitfühlender Humor legt nicht fest, bestimmt nicht, kontrolliert nicht, sondern akzeptiert, dass das Leben paradox ist und dass wir entscheiden, in welcher der beiden Welten wir leben wollen. Er sieht, dass wir durchaus entscheiden können. Dieser Humor akzeptiert, dass es verschiedene Sichtweisen gibt und dass jede Sichtweise sich selbst bestätigt. Ein Narr zu sein heißt: wagen, ich selbst zu sein und den Clown in uns in unseren Alltag zu bringen.

Literaturhinweise

Adams, Patch, Mylander, Maureen: *Gesundheit!*, Oberursel: Zwölf & Zwölf 1999

Carse, James P.: *Endliche und unendliche Spiele. Die Chancen des Lebens*, Stuttgart: Klett-Cotta, 2. Aufl. 1987

Eliade, Mircea: *Kosmos und Geschichte*, Frankfurt/M.: Verlag der Weltreligionen 2007

Farrelly, Frank, Brandsma, Jeffrey M.: *Provokative Therapie*, Berlin: Springer 2005

Fried, Annette, Keller, Joachim: *Faszination Clown*, Düsseldorf: Patmos 2003

Galli, Johannes: *Clown. Die Lust am Scheitern*, Erfurt: Kleine Arche, 2. Aufl. 1999

Gelb, Michael J.: *Körperdynamik. Eine Einführung in die F.M. Alexander-Technik*, Frankfurt/M.: Peter Brunner 2007

Gilmore, David: »Die bunte Unterhose und die Verstrickungen des Alltags«, in: *Publik-Forum Extra: Entdecke den Clown in dir. Chancen für ein lebendiges Leben*, Oberursel 2005

Gilmore, David: »Gesundheit, Lebensweg, Lebenshaltung«, in: Thurneysen, André (Hrsg.): *Genuss und Gesundheit*, Bern: Peter Lang 2004

Gilmore, David: »Heilen durch Spiel, Humor und Gemeinschaft«, in: Riedel, Lothar (Hrsg.): *Dem Wesentlichen auf der Spur*, Basel: Perspectiva 2002

Gilmore, David: »Humor als Zeichen wahrer Freiheit«, in: Riedel, Lothar (Hrsg.): *Sinn und Unsinn der Psychotherapie. Beiträge zu den Basler Psychotherapietagen 1998*, Basel: Perspectiva 1998

Gilmore, David: »Die Kraft des Lachens«, in: Riedel, Lothar (Hrsg.): *Sinnlichkeit und Sexualität*, Basel: Perspectiva, 2. Aufl. 2000

Gilmore, David: »Der Narr, die Null und das Nichts«, in: Riedel, Lothar (Hrsg.): *Couch oder Kirche. Psychotherapie und Religion – zwei mögliche Wege auf der Suche nach Sinn*, Basel: Perspectiva 2001

Gilmore, David: »Theater, Therapie, Kreativität«, in: Schneider, Hartmut (Hrsg.): *Mitte der Kindheit. Kreativitätsentwicklung – Kreativität in der Psychotherapie*, Heidelberg: Mattes 1997 (= 53. Psychotherapieseminar Freudenstadt)

Gilmore, David D.: *Mythos Mann. Rollen, Rituale, Leitbilder*, München: dtv 1993

Henley, Nancy M.: *Körperstrategien*, Frankfurt/M.: Fischer-TB, 6. Aufl. 1993

Höfner, Eleonore, Schachtner, Hans-Ulrich: *Das wäre doch gelacht! Humor und Provokation in der Therapie*, Reinbek: Rowohlt-TB, 4. Aufl. 2004

Huizinga, Johan: *Homo Ludens. Vom Ursprung der Kultur im Spiel*, Reinbek: Rowohlt-TB, 19. Aufl. 2004

Johnstone, Keith: *Improvisation und Theater*, Berlin: Alexander 2004

Keleman, Stanley: *Verkörperte Gefühle. Der anatomische Ursprung unserer Erfahrungen und Einstellungen*, München: Kösel, 4. Aufl. 2004

Kemmann-Huber, Erika, Fischer, Katrin: *Der bewusste zugelassene Atem. Theorie und Praxis der Atemlehre*, München: Urban & Fischer 1999

Klein, Stefan: *Die Glücksformel oder Wie die guten Gefühle entstehen*, Reinbek: Rowohlt-TB, 12. Aufl. 2002

Knill, Paolo J. u.a.: *Minstrels of Soul. Intermodal Expressive Therapy*, Toronto: EGS 2004

Lever, Maurice: *Zepter und Narrenkappe. Geschichte des Hofnarren*, Frankfurt/M.; Fischer-TB 1991

Lowen, Alexander: *Die Spiritualität des Körpers. Innere Harmonie durch Bioenergetik*, München: Heyne 1996

Orban, Peter, Zinnel, Ingrid: *Drehbuch des Lebens. Eine Einführung in die esoterische Astrologie*, Reinbek: Rowohlt-TB, 8. Aufl. 2005

Spolin, Viola: *Improvisation for the Theater*, Evanston: B&T, 3. Aufl. 1999

Steiner, Claude M.: *Macht ohne Ausbeutung. Zur Ökologie zwischenmenschlicher Beziehungen*, Paderborn: Junfermann, 4. Aufl. 1998

Steiner, Claude M.: *Wie man Lebenspläne verändert. Die Arbeit mit Skripts in der Transaktionsanalyse*, Paderborn: Junfermann, 9. Aufl. 2005

Titze, Michael: *Die heilende Kraft des Lachens. Mit Therapeutischem Humor frühe Beschämungen heilen*, München: Kösel, 6. Aufl. 2007

Titze, Michael, Eschenröder, Christof T.: *Therapeutischer Humor. Grundlagen und Anwendungen*, Frankfurt/M.: S. Fischer, 4. Aufl. 2003

Titze, Michael, Patsch, Inge: *Die Humor-Strategie. Auf verblüffende Art Konflikte lösen*, München: Kösel, 2. Aufl. 2006

Wright, Barton: *Clowns of the Hopi: Tradition Keepers and Delight Makers*, San Diego: Kiva 2004